AF391463

BUBU
DE MONTPARNASSE

EXEMPLAIRE SUR VÉLIN

Nº 336

CHARLES-LOUIS PHILIPPE

BUBU

DE

MONTPARNASSE

ILLUSTRÉ DE QUINZE AQUARELLES

DE

CHAS LABORDE

AUX ÉDITIONS DU SAGITTAIRE

CHEZ SIMON KRA, 6, RUE BLANCHE PARIS (IXᵉ ARR.)

BIBLIOTH. NATION. R.F.

237318

CHAPITRE PREMIER

LE boulevard Sébastopol, au lendemain du Quatorze-
Juillet, vivait encore. Neuf heures et demie du soir.
Les arcs voltaïques, d'un blanc criard parmi les rangées
d'arbres, découpent quelques ombres ou sont perdus
dans les feuillages. Les magasins sont fermés : *Pygma-
lion*, les *Petits Agneaux*, la *Cour Batave*, le *Meilleur
Marché du monde*, et leurs façades sombres, en bas des
grandes maisons noires, leurs façades qui tantôt l'éclai-
raient, ont l'air maintenant d'assombrir le trottoir. Les
hautes enseignes dorées que le soleil du jour faisait briller aux balcons, celles du premier étage, celles du second
étage et les autres, se perdent dans le noir avec leurs
lettres de bois jaune et semblent se reposer, le soir,
comme le commerce en gros. Fleurs et plumes, vente de
fonds de commerce, produits alimentaires, tissus, ont
fermé leurs volets et se sont tus, boulevard Sébastopol.

C'est l'heure où les passants ne regarderont plus les
devantures. La vie nocturne commence, avec d'autres
buts. Les voitures ont des lanternes : les fiacres avec
des lumières brillantes comme deux yeux de plaisir
et les tramways avec un fanal rouge ou vert et avec des

mugissements comme une foule pressée. Ils se suivent, se croisent, piétinent et roulent. A l'horizon, vers les Grands Boulevards, l'atmosphère s'éclaire bien plus, s'élève dans le ciel et semble animée d'un esprit lumineux. Le but n'est pas ici, boulevard Sébastopol, où les magasins sont fermés. Les voitures courent. Celles qui vont aux Grands Boulevards s'en vont à la lumière et se précipitent comme des personnes qu'un spectacle attire.

Le boulevard Sébastopol vit tout entier sur le trottoir. Sur le large trottoir, dans l'air bleu d'une nuit d'été, au lendemain du Quatorze-Juillet, Paris passe et traîne un reste de fête. Les arcs voltaïques, les feuillages des arbres, les voitures qui roulent et toute une excitation des passants forment quelque chose d'aigu et d'épais comme une vie alcoolique et fatiguée. C'est le spectacle ordinaire de tous les soirs, mais il y a des coins de la rue ou des façades de maison qui gardent le souvenir des danses d'hier. Il y a quelques bruits ou quelques cris qui rappellent les chansons des ivrognes. Il y a quelques lanternes ou quelques drapeaux qui restent aux fenêtres et qui semblent réclamer une continuation du plaisir. On devine ce qui se passe dans les consciences. Les uns, qui ont joui d'hier, regardent s'il ne vient pas encore quelque jouissance dont ils pourraient s'emparer. C'est parce que les hommes qui ont connu le plaisir l'appellent éternellement. Les autres, ceux qui sont pauvres, ceux qui sont laids et ceux qui sont timides, se promènent parmi les restes de la fête et cherchent dans les coins quelques débris qu'on leur aura laissés. C'est parce que les hommes qui n'ont pas connu le plaisir sont en peine et le cherchent tous les jours jusqu'à ce qu'ils soient fatigués de n'avoir rien eu.

L'air semble se remuer autour d'eux. Des jeunes gens bien mis passent par deux ou par trois, et s'en vont. Ils ont des faux cols neufs, des cravates élégantes et sobres piquées d'une épingle brillante et se précipitent vers la lumière avec de l'argent dans leurs poches. Des employés de commerce causent entre eux : « Nous avons dansé jusqu'à minuit. Elle s'est bien laissé faire. Je l'ai emmenée dans un hôtel de la rue Quincampoix. Comme elle en avait envie ! » Deux amis emboîtent le pas à deux petites femmes, et, quand ils leur adressent la parole, elles se regardent avec des rires étouffés. Des jeunes gens, avec des yeux phosphorescents, regardent la femme quand un couple passe. De gros hommes fument un cigare avec satisfaction et pensent : « Je suis un gros fonctionnaire qui gagne douze mille francs par an. » Des couples passent. C'est une jeune femme élégante, au bras d'un jeune homme élégant : elle est heureuse d'avoir l'air riche ; il est heureux d'être envié. C'est une jeune fille moins élégante, avec son amoureux qui lui parle en pensant à l'amour. D'autres couples enfin, mari et femme, regardent chacun de son côté, échangent un mot : leur esprit et leurs corps sont habitués l'un à l'autre.

Ils passaient. Quand les uns étaient passés, on en voyait d'autres. Des commerçants se promenaient en tenant de la place dans la rue autant que la devanture de leurs magasins. Un jeune homme serrait le bras d'une femme et la suivait avec servilité. On sentait qu'il l'eût suivie jusqu'au bout du monde. La vanité, la gaieté, la luxure marchaient dans les lumières. L'air en était chauffé. Ah! qu'importait la fatigue d'hier! Il venait des bouffées chaudes à cause des souvenirs de l'orgie et les cœurs se contractaient de désir. Paris semblait un chien las qui court encore après sa chienne.

Les filles publiques faisaient leur métier. Voici la petite Gabrielle qui vécut deux ans avec Robert, l'assassin de Constance. Son amant vient de partir aux travaux forcés. Voici la petite Jeanne qui doit avoir dix-sept ans. Depuis le mois dernier, elle se promène boulevard Sébastopol. Elle n'a sur le visage qu'un peu de poudre de riz et ses yeux brillent des premiers feux du plaisir. Beaucoup de gens ne la prennent pas pour une prostituée. Voici les filles publiques en cheveux et les filles publiques en chapeau. Les unes ont une démarche lourde de vache et accostent les hommes avec impudence. D'autres se tortillent, raccrochent du coin de l'œil et préparent leur sourire. A l'angle de la rue Rambuteau un groupe est formé. Elles parlent toutes à la fois. On voit les Halles humides à gauche, on pense à des débris de choux. On dirait des grenouilles qui coassent auprès d'un marais.

Les agents des mœurs vont par deux. Il est facile de les reconnaître à cause de leur regard, de leur mise malpropre et de leur marche grave. Ils sont malpropres comme leur métier. Ils marchent avec raideur, comme des gens qui accomplissent une fonction. Ils regardent les femmes depuis la tête jusqu'aux pieds avec un regard qui s'appuie. Le regard des passants regarde, celui des agents des mœurs surveille. Décoré de la médaille militaire, un gros brun, dont la moustache forte accentue la gueule, marche en portant ses poings. Les filles publiques passent raides, sans tourner la tête, avec leur âme d'esclave qui sait que la raison du plus fort est toujours la meilleure.

Les boniments des camelots. Quand un sergent de ville s'éloigne, un camelot surgit. Coiffés d'une casquette, le visage animé, la moustache déteinte, ils parlent avec chaleur, car leurs passions sont violentes et ils veulent gagner de quoi manger et de quoi boire. Celui-ci, qui n'a peut-être pas dix-huit ans, la casquette enfoncée jusqu'aux oreilles, chaussé de bottes collantes, tourne autour du cercle de curieux en soulevant ses bottes. Il vend pour deux sous un carnet d'images transparentes et les promène devant les yeux avec des mouvements d'escamoteur : « Et si vous voyez les armes de la Ville de Paris s'amener sur un képi, prévenez-moi, messieurs et dames, à seule fin que je puisse aller les attendre. » La police les poursuit comme les filles publiques dont ils sont les amants de cœur.

Pierre Hardy, ayant travaillé tout le jour à son bureau, se promenait au milieu des passants du boulevard Sébastopol. Un jeune homme de vingt ans, qui n'est à Paris que depuis six mois, marche avec incertitude parmi les spectacles parisiens. Les voitures qui roulent, les lumières crues, la foule des rues, la luxure et le bruit forment une confusion de Babel qui effare et fait danser trop d'idées à la fois. Tous les provinciaux ont senti ce malaise et sont devenus gauches et tristes en face de cela. Je vous assure que les beaux gars des villages qui paradaient dans les bals font triste figure sur les Grands Boulevards.

Un homme qui marche porte toutes les choses de sa vie et les remue dans sa tête. Un spectacle les éveille, un autre les excite. Notre chair a gardé tous nos souvenirs, nous les mêlons à nos désirs. Nous parcourons le temps présent avec notre bagage, nous allons et nous sommes complets à tous les instants.

Voici les idées que Pierre Hardy promenait ce soir-là :

Dans une maison d'une petite ville de l'Est, où ses parents sont marchands de bois, Pierre Hardy se plaît à retourner en pensée parce qu'il a vingt ans et qu'il n'habite Paris que depuis le mois de janvier. C'est une maison en haut d'une côte, qui est un peu en dehors de la ville et qu'un jardin entoure. On y est à l'aise pendant les soirs d'été où l'ombre est pleine de brises, et l'on s'assied dans le jardin pour respirer la nuit. Les étoiles occupent la pensée; on voit quelques éclairs qui sont « des efforts de chaleur » et l'on vit paisiblement au milieu des siens en fumant ses premières cigarettes. Tous les détails sont charmants. Le soir, quand il fait trop chaud, au lieu de manger la soupe, on boit du lait : c'est un rafraîchissement qui vous rafraîchit jusqu'au cœur. Parfois sa grande sœur mariée et sa petite nièce venaient passer huit jours. On faisait un peu plus de cuisine, on était un peu plus gai. La jeune sœur jouait à la maman de la petite Juliette. Il la promenait et lui achetait des friandises. Il ne leur manquait rien. Tous les membres de cette famille sentaient bien qu'ils formaient un tout dans la nature heureuse.

Il pensait encore à ses trois années d'école professionnelle. Il avait appris à dessiner des ponts et des machines aux traits compliqués et à passer des teintes au lavis, nettes et admirablement fondues. Ses parents avaient fait encadrer dans leur chambre un beau dessin représentant une gare entre deux collines. Il était sorti n° 2 de l'école, avec un diplôme et une médaille en vermeil.

Il put entrer comme dessinateur à cent cinquante francs par mois dans une compagnie de chemin de fer. Il regrettait de ne s'être pas présenté, comme le lui conseillèrent ses professeurs, à l'Ecole des arts et métiers. Ses parents se fussent imposé ce sacrifice et rapidement il serait arrivé au grade de chef de bureau.

Sur ce boulevard Sébastopol, dont les globes électriques s'en allaient à la file, il se promenait parmi des milliers de passants. Les lumières perçaient les feuillages des arbres et tombaient, dans l'ombre des branches, sur le trottoir. Il lui semblait que ces lumières étaient plus brillantes et que cette foule était encore plus nombreuse. Les jeunes provinciaux se croient perdus au milieu de cent mille hommes. Il ne connaissait personne et marchait toujours, et des passants nouveaux passaient, tous semblables, avec leur indifférence, et qui ne le regardaient même pas. Leur bruit l'entourait comme celui d'une multitude dont il ne faisait pas partie. Il les voyait par masses, avec des remous et des gestes, gais comme quelques éclats de rire qu'il avait entendus au passage et brillants comme quelques regards de femmes qu'il avait vu briller.

Il essayait de se raccrocher à quelque chose pour n'être pas submergé. Il avait besoin de descendre en lui-même et d'y trouver, en face de ce qui passait, quelque joie pour n'être pas perdu au milieu de l'universelle gaieté.

Il voulait opposer une digue au flux montant et crier : « J'existe aussi. Avec des pierres et du ciment je me dresse et je vous arrête alors que vous hurlez. »

Il habitait, dans un hôtel meublé de la rue de l'Arbre-Sec, une chambre au cinquième étage. Ces chambres d'hôtel sont toujours malpropres parce que trop de locataires y ont vécu. Le lit, l'armoire à glace, les deux chaises et la table à roulettes les emplissent. Elles sont si petites que ces quatre meubles semblent encombrants. Ici l'on vit, à raison de vingt-cinq francs par mois, une vie sans dignité. Les matelas du lit sont sales, les rideaux de la fenêtre sont gris comme un jour de vie pauvre. Le garçon de l'hôtel a un passe-partout qui lui permet à tout instant d'entrer dans votre chambre. Vos voisins changent tous les quinze jours et vous les entendez à travers la cloison. Les uns sont des couples alcooliques qui se disputent, d'autres ont une odeur de prostitution, et, si quelques-uns sont sages, ils n'inspirent pas confiance. Les pauvres locataires des hôtels meublés n'ont pas de chez soi. Pierre Hardy ne pouvait pas se dire : « J'ai un refuge où, quand je suis triste, je m'assois parmi des choses qui me plaisent. »

BIBLIOTHÈQUE NATIONALE R.F.

Son seul refuge était son ami Louis Buisson auquel il s'allia dès le premier jour. Louis Buisson avait vingt-cinq ans et travaillait comme dessinateur dans le bureau de Pierre Hardy. C'était un petit homme de $1^m,53$ de hauteur qui avait été refusé au service militaire pour défaut de taille. A cause de cela, il n'inspirait pas beaucoup de respect à ses camarades, qui le considéraient comme un bon garçon, mais dont l'importance n'avait qu'un mètre cinquante-trois de hauteur. Ancien candidat à l'École polytechnique, il avait étudié les mathématiques, ce qui lui donna l'habitude de l'analyse et il était resté interne jusqu'à vingt ans dans un lycée de province, ce qui lui avait donné l'habitude de la souffrance. L'échec de ses beaux rêves d'avenir le rendit modeste. Il pensait : « Je gagne cent quatre-vingts francs par mois. Je suis comme un homme du peuple et je travaille pour gagner le pain que je mange. » Le soir, il s'occupait de littérature et de philosophie après s'être promené dans la rue en regardant les jeunes femmes. Il disait : « Elles courent après ce qui brille, des jeunes gens riches et des jeunes gens beaux. Les jeunes gens riches les forment au luxe et les jeunes gens beaux, qui les trompent, leur apprennent que l'amour est un simple plaisir. Elles nous reviennent plus tard. Elles nous ruinent en toilettes et en spectacles et n'ont plus assez de ferveur pour devenir nos amoureuses et nos compagnes. Pour moi, j'entretiens une correspondance avec une petite bonne. Parce qu'elle est simple et travailleuse, nous nous mettrons en ménage. Je veux vivre comme un homme du peuple, avec une femme du peuple. D'ailleurs, je hais les riches qui nous volent nos plaisirs. »

Il était dans ses meubles et habitait, quai du Louvre, une chambre au cinquième étage. Pierre Hardy lui faisait le récit de toutes ses émotions et de toutes ses aventures et Louis Buisson faisait les mêmes confidences. Une telle amitié nous encourage à vivre, en prolongeant nos plaisirs et en nous consolant de nos chagrins. On se dit : Je raconterai cela à Louis, qui me dira : « Mon cher ami, nous souffrons parce que nous sommes pauvres et timides, et surtout parce que nous avons le cœur honnête. » Ils étaient séparés par une petite différence d'éducation. Pierre Hardy habitait la rue de l'Arbre-Sec, qui est une rue de Paris. Louis Buisson habitait le quai du Louvre, où l'air est bien plus libre.

Mais il y a des soirs où l'amitié ne suffit pas. Les paroles et les spectacles ordinaires de l'amitié nous reposent. Nous avons besoin de nous fatiguer aussi. Pierre Hardy sentait au milieu du torrent un peu de joie qui lui venait de son ami et regardait la foule en pensant : « Vous n'avez pas un ami comme Louis Buisson. » Mais cela ne le consolait pas et tout le bruit du boulevard disait : « Il vaut bien mieux avoir une femme. » Il pensait encore : Je me prépare à passer l'examen de conducteur des ponts et chaussées. J'arriverai certainement à être nommé chef de bureau. Tant de ces hommes qui passent avec des femmes au bras vont rester petits employés ! » Mais toute la foule en passant lui criait : « Qu'importe ! Nous avons des femmes et nous rions. » Il répondait : J'ai un père et une mère qui m'aiment plus que ne vous aiment vos femmes. — Qu'importe! disait la foule. Tu es seul et tu t'ennuies. Nous avons des femmes et nous rions. »

Alors il fut obligé de comprendre que toute la joie d'une fête valait mieux que son existence solitaire. Il ne pouvait rien opposer à l'éclat des lumières et aux débordements du plaisir. Louis Buisson, passionné pour deux ou trois principes philosophiques, y trouvait assez de force pour regarder les hommes en face. D'ailleurs, il cherchait en eux quelques nouveaux principes à découvrir. Pierre Hardy avait vingt ans et se trouvait tout seul, avec mille désirs, au milieu d'un Paris bien tentant.

Et souvent ses désirs l'avaient mené. Certains soirs, ayant travaillé jusqu'à onze heures, il fermait ses livres et se sentait triste à côté de leur science. Tous les diplômes ne valaient pas le bonheur de vivre. Deux ou trois images de femmes rencontrées lui apparaissaient à l'imagination et il les suivait, d'abord pour se délasser. Puis tout le feu de ses vingt ans s'animait, tous ses sens sentaient ce que contient une femme qui passe. Alors il se dressait, la gorge sèche et le cœur serré, éteignait sa lampe et descendait dans la rue.

Il marchait. Des prostituées pirouettaient à des coins de rue, avec de pauvres jupes et des yeux questionneurs : il ne les regardait même pas. Il marchait comme marche l'espérance. Quelque jeune femme à la taille serrée marchait devant lui, alors il ralentissait le pas pour mieux la voir. Voici qu'elle lui adressait un sourire. Alors il allongeait le pas pour mieux la fuir et parce qu'une autre femme à la taille serrée... Il marchait comme marche l'espérance, de femme en femme. Il ne voulait pas des unes parce qu'elles étaient trop faciles. Il n'osait pas parler aux autres parce qu'elles n'avaient pas l'air faciles. Il marchait comme marche l'espérance, de femme en femme, jusqu'à ce qu'il n'y ait plus d'espérance.

Parfois une jeune ouvrière attardée le dépassait, marchant vite pour rentrer chez elle. Elle avait une jupe noire, un corsage simple et un chapeau sans ornement. C'était une jeune fille qui, comme un jeune homme, travaille et pense à l'amour. Pierre Hardy se disait ces choses avec naïveté et la suivait, bien vite la suivait. Il l'examinait, la soupesait en pensant à la quantité de bonheur qu'elle pourrait donner. Quand il arrivait à sa hauteur, il disait : « Je ne veux pas lui parler maintenant parce que nous sommes dans une voie trop fréquentée. » Il la suivait pas à pas en remuant toutes ses pensées et la suivait à grands pas, comme on poursuit un idéal. Il l'eût suivie bien loin dans la nuit parce qu'elle portait de la lumière. Toutes ces aventures avaient la même fin. Sans que l'on s'y attendit, la jeune fille sonnait à la porte d'une maison. Elle arrivait chez elle. Il la regardait une dernière fois et continuait sa route en pensant au lendemain et à tous les lendemains pendant lesquels il ne rencontrerait pas ce bonheur qu'il venait de laisser fuir.

Et à la fin du compte, fatigué d'avoir marché, il sentait encore les vieux désirs qui le poussaient. Pour avoir la paix il prenait la première venue, et, sur un lit d'hôtel meublé, moyennant quarante sous, se déversait dans une fille sale comme un déversoir public.

Ce soir du quinze juillet, le boulevard Sébastopol vivait bien plus. Les uns passaient par couples, à petits pas, et semblaient promener leur amour. Des jeunes gens disaient : « Elle avait de petits seins fermes. Il faudra bien que je la retrouve. » Paris marchait avec des voitures qui roulent, avec des chansons d'ivrognes et avec tant de filles publiques qu'il en était quelques-unes qui tentaient. Les arcs voltaïques s'entouraient d'un halo et, de l'un à l'autre, éclairant l'air entre les maisons, formaient un grand canal lumineux qui débordait les toitures, montait jusqu'au ciel et lui jetait son feu. Cette atmosphère vous baignait dans un fluide subtil, dans un bain électrique et pénétrant. Puis des vents chauds, l'exhalaison d'une nuit d'été faisaient Paris comme une bête hurlante, avec des sueurs et des yeux fous, et qui soufflait son haleine jusqu'à en défaillir. Un cri répondait à l'autre, un passant éveillait un désir, les lumières l'allumaient comme un fétu, chaque vie se gonflait sur le boulevard et criait aussi, comme la bête d'amour, jusqu'au fond des cœurs défaillants.

Et Pierre Hardy se les rappela, les courses aux femmes. Il eut de la honte à se les rappeler sous les lumières parmi des milliers de passants, mais il les ressentit ainsi qu'un homme ressent de grandes idées qui le mènent. Devant ses yeux marchait la Femme avec son sexe, son sexe ouvert, comme disait Louis Buisson. Pierre Hardy ne fut plus rien. Paris débordé le roulait, le prenait entre ses grandes eaux et l'entraînait, Pierre Hardy, fils d'un marchand de bois, ami de Louis Buisson, candidat à l'examen de conducteur des ponts et chaussées, l'entraînait entre ses deux rives perdues, et l'entraînait jusqu'au bout du monde.

Au coin de la rue Greneta, il y eut un rassemblement autour de quatre chanteurs. Il n'était pas encore dix heures, et, à un dernier coin de rue, ils chantaient peut-être leur dernière chanson. Le père raclait un violon de bois rouge, dont la voix neuve et grimaçante faisait du bruit, et regardait le cercle des badauds avec des yeux aigus où l'on voyait passer des étincelles et du sang. La mère, au ventre grossi par les couches, aux seins bouffis de bête usée, avait dans sa face en débris deux yeux bleus comme deux fleurs sales. Elle chantait avec une voix pointue de femme criarde. Et les deux petits enfants, qui, tout le soir, avaient chanté, tremblaient sur leurs jambes. L'un d'eux tournait les yeux comme une bête mauvaise ; il ressemblait à son père ; il était si las qu'il aurait voulu mordre. Mais le plus petit, jaune avec ses yeux bleus, aurait voulu, comme la mère, tomber sur le dos et dormir. Paris les avait pris dans sa main qui broie et tous quatre, les bons et les méchants, les avait broyés.

> C'était, t'en souviens-tu, Lison,
> Dans ta chambrette :
> Tu enlevais ton petit jupon,
> Moi ma jaquette.

Des mères avec leur fille écoutaient. Trois petites ouvrières qui avaient acheté la chanson suivaient les paroles. Des passants s'étaient campés par désœuvrement, d'autres jetaient un coup d'œil et partaient. Il n'y avait pas grand monde autour des chanteurs parce qu'il y avait eu trop de chansons. Pierre Hardy s'arrêta. On regarde cela parce qu'il faut regarder quelque chose. Quelques filles publiques aussi, sachant que les rassemblements sont pleins d'excellentes occasions. Et la voix maladroite du violon rouge, par-dessus les trois autres voix, égale, mécanique, sans délicatesse :

> Tu me disais : « Mon cher amant,
>   « Si tu veux rire,
> « Tu mettras quelques pièces d'argent
>   « Dans ma tirelire. »

« On la vend deux sous. » Pierre Hardy l'acheta. Il la lisait sans beaucoup d'attention, lorsqu'une petite femme, à côté de lui, qui la lisait aussi, dit : « Ce n'est pas la vraie chanson. » Il jeta un coup d'œil et vit que la jeune femme avait des bandeaux noirs et un air gentil.

Il en fut bien ému :

« Et comment est donc la vraie chanson ? »

Elle répondit :

« La vraie chanson dit :

> C'était, t'en souviens-tu, Lison,
>   Un beau dimanche... »

Cela lui était parfaitement égal, mais une jeune femme coiffée de bandeaux nous rend beaucoup de choses intéressantes. Alors Pierre n'écouta plus les chanteurs. Il lui dit : « Vous devez bien chanter, mademoiselle. »

Elle répondit :

« Pas maintenant, parce que je suis enrouée. »

Dix heures allaient venir et la voix misérable du violon rouge criait encore, jusqu'à ce qu'il fût défendu de crier. Ils quittèrent le groupe de curieux et, comme la jeune femme n'avait pas l'air effarouchée, il lui offrit un bock. Il avait grand'peur qu'elle ne l'acceptât pas.

C'est ainsi que Pierre rencontra Berthe, le soir du quinze juillet. Il souriait à cause de sa gentillesse et de ses bandeaux.

CHAPITRE II

A minuit et demi, lorsque Berthe Méténier rentra dans sa chambre de la rue Malebranche, son amant Maurice était déjà couché. Par scrupule de conscience il ouvrit un coin d'œil et la reconnut. Elle se déshabilla. La bougie brûlait sur la table de nuit, elle s'en approcha pour regarder un petit bouton qui la piquait au-dessus du genou. Puis elle plongea la main dans son bas gauche où elle avait l'habitude de mettre son argent, en sortit les cent sous de Pierre et les posa auprès de la bougie. Cette fois Maurice ouvrit les deux yeux pour voir :

— C'est tout ce que tu as fait depuis huit heures?

Elle répondit :

— Eh bien! vas-y donc toi-même, tu verras si c'est facile.

Il se tourna du côté du mur en haussant les épaules. Il pensait : « C'est idiot d'avoir une femme qui ne sait pas travailler. »

Elle se coucha après avoir soufflé la bougie. Maurice n'était pas trop mécontent tout de même parce qu'il avait fait son petit supplément. Chez le marchand de vin, son ami Paul l'attendait avec un jeune homme qui accepta de

jouer aux cartes et auquel chacun d'eux gagna trente sous.
Il y avait trois jours encore avant la fin de la semaine.
Berthe avait le temps de faire sept francs pour la location
de la chambre. Ils pouvaient donc dépenser six francs cinquante dans la journée du lendemain.

Il n'était pas fatigué. Alors il se tourna du côté de Berthe
et lui passa le bras autour de l'épaule. Elle l'embrassa à
pleine bouche. C'est une chose hygiénique et bonne entre
un homme et sa femme, qui vous amuse un petit quart
d'heure avant de vous endormir. Elle faisait tous ses efforts
pour goûter du plaisir en même temps que lui. Tout alla
bien. Elle ne se lavait jamais quand c'était avec son homme.

Ensuite elle dit :

— Vous vous imaginez que l'on fait comme on veut.
Il y en a plus d'une, ce soir, qui ne les rapportera pas les
cent sous. J'ai rencontré un type qui ne voulait d'abord
me donner que trois francs, et puis il a consenti à m'en
donner cinq à condition que ce soit pour une heure. Moi,
j'aime mieux ça. On se fait des clients, et puis c'est meilleur genre.

Maurice ne répondit pas. Elle continua :

— Oh ! oui, je sais, tu parles de ma sœur Blanche, parce
qu'elle fait quinze francs. Et puis, après ça, elle s'amuse
avec des petits gars et elle reste trois jours sans travailler.

Maurice ne répondit rien.

— Moi, aussi, je pourrais faire des types à quarante
sous. Il y en a assez qui me le proposent. Et puis il faudrait courir toute la nuit comme Blanche pour ramasser
un peu. Tu trouves déjà que je rentre trop tard.

Elle avait un grand besoin d'approbation. Etant faible, elle avait besoin d'un soutien ; étant douce, elle avait besoin de bonnes paroles. Elle eût causé longtemps. Il savait qu'en affaires il faut toujours se montrer exigeant. Les femmes ne travailleraient plus si on voulait les entendre. Il répondit :

— Fous-moi la paix! Laisse-moi dormir!

Maurice Bélu naquit et vécut dans le quartier de Plaisance où sa mère tenait un petit commerce. Jusqu'à l'âge de seize ans, il resta à l'école parce qu'il vaut mieux avoir un peu plus d'instruction et parce qu'on a le temps d'envoyer les enfants en apprentissage où ils contractent de mauvaises habitudes. Il reçut une éducation soignée, sortit de l'école avec son brevet simple et fréquenta les garçons de son âge qui lui donnèrent le surnom de Bubu. Il apprit le métier d'ébéniste chez un patron du faubourg Saint-Antoine. On l'appelait Maurice. Un jour qu'il sortait de l'atelier, un de ses anciens camarades d'école qui l'aperçut s'écria : « Tiens, voilà Bubu! » Ceci ne fut pas perdu, puisque rien ne se perd. Maurice redevint Bubu.

C'était un petit homme dont le torse reposait avec force sur des jambes solides. Il se frappait la poitrine en disant : « Petit, mais costaud. » Et sa tête était osseuse, et ses deux yeux se cachaient derrière les pommettes, volontaires et un peu dissimulés. Il avait surtout deux mâchoires arquées qui, broyant les aliments avec un craquement d'os et de nerfs et de muscles, montraient toute leur anatomie. Ceci ne veut pas dire qu'il avait des appétits énormes, mais simplement qu'il avait le coup de dent décisif.

Au temps où sa mère l'envoyait à l'école par crainte des mauvaises habitudes que l'on contracte en apprentissage, Bubu fit un certain nombre de connaissances. Les unes étaient des apprentis qui, chaque soir, rôdaient et riaient dans toutes les rues. Les autres étaient ce que l'on aime à rencontrer dans la rue : les petites filles de quatorze ans, celles de quinze et celles de seize. Elles sont les filles de parents pas trop sévères qui font l'éducation de la jeunesse par le moyen de la liberté. Elles désirent beaucoup de choses et ceux qui les voient prennent la hardiesse de leur en offrir encore davantage. Vous, rue de Vanves, et vous aussi, talus des fortifications, par les beaux soirs sans lune, vous avez vu passer Bubu. Il appprit à connaître la rue, comme elle est pour ceux qui rôdent, avec des étalages où l'on peut exercer son adresse, et avec des aventures. Il apprit quelque chose de plus utile : il apprit à manier les femmes.

Ce qui devait arriver arriva, un jour où Bubu, alors âgé de dix-neuf ans, fit la connaissance d'une grosse fille de la rue de la Gaîté. Comme elle travaillait la nuit, pour que Bubu pût se livrer à son amour, il fallait qu'il disposât de sa journée. Avec sa promptitude de décision, Bubu annonça à l'atelier qu'il quittait le métier d'ébéniste pour celui de déménageur. Il l'annonça avec orgueil parce qu'on le plaisantait sur sa petite taille et parce que ceci montrait à tous que Bubu était fort comme un déménageur.

Il fut content de son nouveau métier où la journée est bien payée, où le chômage est abondant et où un homme adroit peut se faire des bénéfices supplémentaires. Il n'achetait jamais de souliers, par exemple. Sa science de la femme s'accrut au contact de la grosse Hortense. Sa mère n'était pas toujours approbatrice, mais Bubu, dont les convictions étaient fortes, trouva des paroles solides qui la remirent en place et même lui montra deux ou trois fois qu'il était un homme d'action et n'aimait pas les contradicteurs. Il se fortifia dans sa voie, lâcha Hortense chemin faisant, puis atteignit sa majorité. Il fut exempté du service militaire pour un défaut du pied.

Alors Maurice Bélu se prépara. En réalité, ses idées d'avenir n'étaient pas précises, mais il savait qu'il faut de l'argent et une femme. Ces deux forces de la vie présente nous dirigent vers la vie future. Il se fit donner une somme de cinq mille francs qui lui revenait de droit de son père. Quant à la femme, il s'en chargeait.

Le Quatorze Juillet arriva. Bienheureux jour où les boutiques des marchands de vin sont pleines de drapeaux, où les comités socialistes-révolutionnaires célèbrent leurs victoires. Le soir, il y a des bals entourés de lampions, les pistons ont des gueules de cuivre et les tables des cafés envahissent la rue par permission spéciale du gouvernement. Le peuple, à cause de l'anniversaire de sa délivrance, laisse ses filles danser en liberté.

Berthe Méténier, petite ouvrière fleuriste âgée de dix-sept ans, regardait un bal de la rue de Vanves en compagnie de Marthe, sa grande sœur, et de Blanche, sa petite sœur. Ses bandeaux noirs, autour de son visage, lui donnaient un air pâle, mais ses yeux vivaient avec beaucoup de douceur. Maurice l'invita à danser une première fois, puis ils firent une deuxième danse et ensuite une troisième.

Ils dansaient admirablement tous les deux, ils étaient à peu près de même taille, il était très bien élevé, elle était très douce. Il l'invita à prendre quelque chose, mais elle refusa parce qu'elle était avec ses deux sœurs. Il se fit montrer la grande sœur Marthe et s'avança en soulevant son chapeau :

— Pardon, mademoiselle, mais puisque vous accomplissez les fonctions de mère, je m'en vais vous adresser une demande. Voulez-vous me permettre d'offrir un verre de limonade à mademoiselle votre sœur et me faire le plaisir d'accepter queque chose aussi ?

Marthe savait que l'on ne court aucun danger en acceptant l'invitation d'un jeune homme bien élevé. On s'assit, on causa. Il était ébéniste et pouvait faire des journées de sept à huit francs.

Marthe était blanchisseuse et travaillait dans l'atelier où Blanche faisait son apprentissage. Comme elle le disait, on avait voulu que Blanche pût blanchir les autres. Elles avaient quatre frères. Il y en avait deux qui devaient être en train de courir par là.

Leur père était veuf. Il était peintre en bâtiment, il avait parfois des coliques de plomb et n'était pas toujours commode. On donna beaucoup de détails. La gosse Blanche en était heureuse et riait en buvant son sirop de grenadine.

Maurice donna un rendez-vous à Berthe pour le

surlendemain. Elle y vint, mais elle ne pouvait rester long-temps, par crainte de son père.

Ils se promenèrent en causant et s'embrassèrent deux fois dans une rue sombre.

Au second rendez-vous, Maurice lui offrit une bague en doublé avec un brillant rose.

Au troisième rendez-vous, ils se promenèrent bras dessus bras dessous, et elle consentit à entrer avec lui dans un café de l'avenue du Maine. Maurice n'était pas pressé parce qu'il ne voulait plus des amours légères.

Berthe était comme les jeunes filles des faubourgs qui déjà bien des fois ont trouvé l'occasion, mais ne s'y sont pas précipitées parce que demain la leur offrira meilleure. Elle ne vint pas au quatrième rendez-vous. Maurice la guetta le lendemain et lui demanda une explication carrée. Son père l'avait empêchée de descendre. Il répondit :

— Mademoiselle, vous me l'aviez promis. Etant données les relations qui existent entre nous, vous n'aviez pas le droit de manquer à votre promesse. Pour ma part, aucune force humaine ne m'empêcherait d'aller au-devant de vous quand je l'ai dit.

Elle baissa la tête avec cet air niais des pauvres enfants très douces qui ne savent pas quoi dire parce qu'elles ont peur de faire de la peine. La petite alouette était déjà prise.

Maurice semblait un jeune chevalier éloquent et cordial comme les jeunes filles en ont le désir et ses déclarations loyales montraient en lui des profondeurs de loyauté. A certaines choses qu'il disait, à d'autres qu'il ne disait pas, on comprenait qu'il y avait en lui du mystère et de l'aventure. Cela même était tentant. Berthe, douce et pliante, quand Maurice l'eut prise en main, se plia avec douceur. Ils prirent l'habitude de se voir tous les jours. Il se promenait sous les fenêtres en sifflant d'une façon particulière : Fouillofu, fouillofu. Elle entendait cela dans le plus profond de son cœur comme une voix qu'elle espérait depuis longtemps entendre. Elle descendait et courait.

Le père finit par tout apprendre :

— Je le connais. Un propre ébéniste ! Tout un jour il galvaude dans le quartier. Je voudrais bien savoir à quels moments il travaille. Il ne m'a pas l'air de grand'chose de bon.

Il ne s'en inquiéta pas davantage parce que, étant père de sept enfants, il avait eu beaucoup de mal et il avait appris que la vie est plus forte que nos volontés.

Il savait que les filles de Paris flottent entre toutes les tentations et leurs pères, leurs pères les Pauvres, ne peuvent rien leur offrir pour les en préserver. Il savait que nous sommes des manœuvres et des chiens et que nous n'avons pour nous que la misère, dans un monde où la misère est maudite. Après le malheur vient encore le malheur et il n'y a qu'à baisser la tête en grondant.

Il pensa :

— Après tout, ceci la regarde. Je l'ai prévenue. Si c'est sa destinée, je n'y peux rien.

La petite Berthe, un soir, quitta la maison paternelle pour aller vivre avec Maurice. Sa sœur Marthe était alors

enceinte. La gosse Blanche avait volé cent sous à sa patronne.

Maurice et Berthe vécurent dans un hôtel meublé de la rue de l'Ouest. Au troisième étage, une chambre de trente francs, donnant sur la rue, avec des tapis bleus et deux fauteuils, leur semblait belle comme un appartement où l'on a toutes ses aises. Berthe continua à travailler de son métier de fleuriste. Maurice entama ses cinq mille francs. Elle rapportait chaque semaine vingt-cinq francs et Maurice ajoutait assez d'argent pour qu'ils n'eussent rien à se refuser. Tous les soirs ils prenaient leur café au bar. Ensuite ils allaient au café-concert, ou au bal du « Moulin de la Vierge », ou au théâtre Montparnasse. Les relations et les idées de Berthe s'agrandirent. Elle connut les amis de Maurice et leurs femmes. Les amis de Maurice ne travaillaient pas beaucoup parce que leurs femmes travaillaient pour eux et parce qu'ils connaissaient assez le monde pour n'avoir pas besoin de travailler. Elle vit dans leur vie quotidienne les souteneurs et les filous et comprit qu'ils n'aimaient pas le travail parce qu'il vaut bien mieux aimer le plaisir.

Ils regardent la troupe humaine passant et rient d'avoir les coudes sur la table en la regardant passer. Berthe connut leurs histoires. Il y avait de bonnes aubaines pour les femmes quand elles faisaient des soirées de vingt ou vingt-cinq francs. Le lendemain ils riaient davantage, d'abord à cause de l'argent et ensuite en pensant à ceux qui donnent aux femmes vingt ou vingt-cinq francs. Il y avait de bonnes aubaines pour les hommes quand leurs entreprises étaient exécutées. Le Grand Jules, une fois, rapporta d'expédition un coupon de soie noire. Toutes les femmes des amis eurent leur part. La robe de Berthe lui sembla plus belle parce qu'elle ne se l'était pas procurée par les moyens ordinaires. Il lui arrivait, dans la rue, d'en rire comme d'une bonne farce. Le Grand Jules avait fait huit mois de prison à la Santé pour vol avec effraction. Il connaissait le monde et son aboutissement. Il savait qu'au bout du monde il y a la prison de la Santé et regardait cette idée face à face. Il agissait fermement selon sa volonté. Il savait briser une serrure et pouvait tuer un homme avec simplicité. Les femmes l'entouraient d'amour comme des oiseaux qui chantent le soleil et la force. Il était un de ceux que nul ne peut assujettir, car leur vie, plus noble et plus belle, comporte l'amour du danger.

Berthe vit ces choses en sortant de chez son père, pendant que toute chose était illuminée par son amour pour Maurice. Le premier homme des jeunes filles de dix-sept ans, c'est celui-là qui est leur destinée. Lorsqu'elle prenait l'omnibus pour aller au travail, elle fermait les yeux, parce qu'elle était un peu lasse, et voyait dans sa pensée Maurice avec les plaisirs. Il lui disait : « Je ne veux pas travailler à mon métier d'ébéniste et je ne veux plus être déménageur », alors elle sentait qu'il était supérieur à tous les métiers. Il parlait de sa mère dont les idées étaient bornées comme deux sous de poivre et quatre sous de café ; il en parlait ainsi parce qu'il avait les idées ouvertes. Il lui disait : « Quand tu étais chez ton père et que tu t'emmerdais en torchant tes frères », alors elle lui était reconnaissante de l'avoir délivrée.

Au bout d'un mois, il la battait, mais non pas par méchanceté. Voici : Maurice, qui avait le caractère résolu, classait trop nettement les connaissances humaines. Comme l'empereur Charlemagne, il avait mis d'un côté les idées qui ne lui plaisaient pas et de l'autre celles qui lui plaisaient. Il pensait : « Là-bas, c'est l'erreur, mais ici, c'est la vérité. » Comme l'empereur Charlemagne, il n'avait pas le sentiment des nuances. Il ne comprit jamais, par exemple, que l'on se lavât le visage avant de se laver les mains. Il disait à Berthe : « Tu touches ta figure avec tes mains sales, c'est une drôle de façon pour se laver. »

Une fois elle préparait des œufs sur le plat. Elle mit le sel et le poivre tout de suite après avoir cassé les œufs. Maurice savait qu'il faut le mettre lorsque les œufs sont cuits. Elle dit, d'une voix aigre : « Mais enfin, laisse-moi donc faire. » Maurice, qui était un homme d'action, croyait à la nécessité des châtiments corporels. Il la gifla, persuadé qu'une gifle fortifierait en elle le sentiment de la vérité.

Il la battait d'autres fois, parce qu'elle l'avait mécontenté, parce qu'il était en colère ou parce qu'elle était entêtée. La pauvre Berthe, avec son caractère doux, acceptait ces corrections en pleurant. Elle regrettait d'avoir quitté son père. Un peu plus tard elle vit que tous les amis de Maurice battaient aussi leurs femmes et comprit qu'il y avait en ce monde une loi dirigeante qui était la loi du plus fort. Elle sentit ce que contient l'expression « mon homme ». Un « homme » est un gouvernement qui nous bat pour nous montrer qu'il est le maître, mais qui saurait nous défendre au moment du danger.

Maurice croyait que l'intelligence a des rapports avec l'énergie et que par conséquent sa femme n'était pas intelligente, puisqu'elle était douce. Il ne le disait à personne. Bien au contraire, par devant les amis, il se plaisait à faire sortir de Berthe quelque parole un peu vive, afin de leur prouver qu'elle était difficile à dominer. On pensait : Il est petit, mais il est costaud. Il l'aimait bien, pourtant. Il l'aimait parce qu'elle était jolie. Le soir, quand elle revenait du travail, il l'entendait monter l'escalier. Il reconnaissait son petit pas pressé et il lui semblait la voir se tortillant un peu pour aller plus vite. Il aimait les yeux souriants et doux qui approuvaient tous ses désirs. Et les lèvres rouges, un peu molles, qui se collaient bien sur les siennes. Et les longs cheveux noirs, et les bandeaux, et le chignon au-dessus de la nuque qui lui donnait un air pas comme aux autres. Et sa volupté particulière, quand elle appliquait son corps contre le sien et qu'elle se pliait pour qu'il la pénétrât. Il aimait cela qui la distinguait de toutes les femmes qu'il avait connues, parce que c'était plus doux, parce que c'était plus fin et parce que c'était sa femme, à lui, qu'il avait eue vierge. Il l'aimait parce qu'elle était bien élevée, parce qu'elle était honnête et qu'elle en avait l'air, et pour toutes les raisons qu'ont les bourgeois d'aimer leur femme. Car Maurice avait des idées bourgeoises. Ce n'est pas impunément qu'on est venu jusqu'à vingt-trois ans sans casier judiciaire.

Le temps passa. Deux ans passèrent et les cinq mille francs de Maurice passaient aussi. Notre destinée ne se fait pas en un jour, quand nos cinq mille francs sont épuisés, après deux ans de vie commune; elle se décide à chacun de nos gestes et à chacune de nos fréquentations. Depuis longtemps Berthe savait que celles qui sont filles publiques font tout simplement comme les autres. Maurice aurait bien mieux aimé faire autrement. Il se résigna pourtant et ne souffrit pas beaucoup. Il avait le sentiment de la propriété, mais à la façon des propriétaires qui mettent leurs biens en location. Berthe ne se regimba pas lorsqu'un soir Maurice fut amené à lui dire : « Ma petite femme, si quelqu'un te fait des propositions quand tu sortiras de l'atelier, vas-y, ça nous fera toujours un peu d'argent. »

Et puis il y a le démon, qui montre d'abord une face riante. Les premiers temps Berthe faisait dix ou vingt francs, rien que pour « un moment », car Maurice ne voulait pas qu'elle découchât. Ils retrouvaient leur ancienne abondance d'argent, le métier n'était pas dur pour elle qui rentrait toujours vers dix heures et pour lui non plus qui ne restait pas trop longtemps à l'attendre.

Un peu plus tard elle quitta l'atelier, ne voulant plus travailler dix heures pour gagner quatre francs. Elle sortait chaque soir vers huit heures et faisait le boulevard Sébastopol et les Grands Boulevards.

C'est ainsi que Berthe Méténier devint fille publique et

que Maurice devint « un individu sans aveu ». Il était intelligent, il vivait à Paris où les plaisirs hurlent en passant; il avait travaillé d'abord, puis il avait compris que les travailleurs qui peinent et qui souffrent sont des dupes. Il devint souteneur parce qu'il vivait dans une société pleine de riches qui sont forts et déterminent les vocations. Ils veulent des femmes avec leur argent. Il faut bien qu'il y ait des souteneurs pour leur en donner.

CHAPITRE III

Pierre Hardy, au lendemain de sa rencontre avec Berthe, se sentit un peu calmé. Cette petite femme qu'il avait eue pour cinq francs pendant une heure entière était flexible et malléable comme devaient l'être les femmes qu'on ne paie pas. Depuis longtemps, parce qu'il était pauvre, il avait établi une relation entre la jouissance et son prix de revient. Il savait que les femmes sont avides et qu'en un tour de cuisses elles absorbent la journée d'un homme. Étant fils de parents économes, s'il n'avait pas toujours assez de volonté pour se priver de plaisirs, du moins regrettait-il ses dépenses. Mais lorsqu'il pensait au corps de Berthe et à une pression électrique de ses bras, alors qu'ils s'épanouissaient ensemble, ce souvenir était bon comme un peu de cette volupté qu'on espère à vingt ans. Puisque nous vivons dans un monde où les plaisirs se paient, Pierre jugea que ce plaisir valait cinq francs. Il lui donna un rendez-vous pour la semaine suivante. Rendez-vous à huit heures et demie du soir, au coin du Pont-Neuf et du quai du Louvre.

Pierre fut le premier au rendez-vous. Il la vit bientôt venir. Elle était coiffée d'un canotier blanc, et ses cheveux noirs avec un gros chignon faisaient ressortir son visage comme une chose blanche et d'une douceur inattendue. Pierre en ressentit une sorte d'orgueil. Il aurait bien voulu la promener à son bras et qu'un ami les rencontrât.

— Ma chère petite amie, je suis bien heureux que tu sois venue.

Elle avait un sourire de pauvre petite putain, ce sourire qu'elles prêtent à ceux qui paient. Elle répondit :

— Vraiment?

Le soir était doux et flottant. Tout le long de la Seine il y avait un peu de vent qui coulait comme l'eau et semblait suivre les feuilles. Les ombrages, légèrement balancés au-dessus des passants, parlaient à leur âme et lui donnaient des balancements légers. On aimait toutes les choses parce qu'elles étaient reposantes. La Seine, le ciel et les voitures brillaient modestement et la ligne des quais, avec ses arbres, semblait une allée où l'on se promène et où l'on s'isole.

— Nous allons faire une petite promenade.

— Si tu veux, parce que je ne suis pas bien pressée.

Ils prirent le quai de la Mégisserie. Pierre disait :

— Je t'ai vu venir avec ton petit pas. Tu remues tes jambes sous tes jupes, tu te tortilles un peu, tu souris et tu as l'air très doux. On sent que tu as bon caractère. Je t'aurais reconnue entre toutes les femmes à cause de cela et pourtant c'est la seconde fois que nous nous voyons. Mais il me semble que je te connais bien.

— C'est gentil ce que tu me dis là, répondait-elle. Nous

aussi, nous aimons mieux aller avec des personnes que nous avons déjà vues.

Ils marchaient bras dessus bras dessous, en se parlant dans les yeux, et Pierre pensait qu'ils avaient l'air de deux amoureux. Cette petite femme mince et maniable était pareille aux femmes que l'on rencontre dans la rue avec des hommes qui leur pressent la taille. Quand le soir tombe et qu'elles sont là, il y a dans le monde un grand désir. Seigneur, envoyez-nous des petites femmes comme Berthe pour que nous les baisions et pour que leurs vingt ans ajoutent à nos baisers. Pierre ne se rappelait plus que ce plaisir allait lui coûter cinq francs.

Un peu plus loin que l'Hôtel de Ville, les deux bras de la Seine qui contournent l'île Saint-Louis se joignent en formant un large fleuve. Cette nappe d'eau s'écoulait, passait sur les reflets des lumières et continuait sa route, avec cet aller endormant de l'eau. Mais l'air se berçait au-dessus d'elle, vaporeux et vert, jusqu'à la pointe mélancolique du quai Bourbon. Le monde était calme et moiré comme l'air et comme l'eau. Les bateaux, éclairés jusqu'au fond de l'âme, fendaient la robe du fleuve, d'un grand geste précis. Beaux amoureux transpercés par les beautés du monde! Pierre aussi se sentait éclairé jusqu'au fond de lui-même.

— Que la Seine est belle, ô ma petite amie!

Il dit encore :

— Vois le ciel. Il y a par là-bas deux ou trois cents petits nuages rouges. Ça me donne envie de te faire un compliment. Il y a dans mon cœur deux ou trois cents petites émotions qui brûlent à cause de toi.

Elle sourit et demanda :

— Qu'est-ce que cela signifie, quand le ciel est rouge comme ce soir?

Il répondit :

— Dans mon pays, on prétend que c'est signe de guerre. Mais je pense que nous n'allons pas nous battre tous les deux.

Ils marchaient lentement sur le quai de l'Hôtel-de-Ville et se sentaient l'un à côté de l'autre. Les tramways passaient en faisant : Ouan! ouan! comme des bêtes féroces. Mais leur bruit n'était rien pour Pierre, parce que Berthe faisait en lui une bien autre rumeur. Les maisons, en contre-bas, semblaient éloignées, et les passants de l'autre trottoir n'étaient pas gênants. Il marchait à côté d'elle avec une âme pleine. Il dit :

— Ça me rappelle ma petite ville.

Ce n'était pas vrai, mais il était auprès d'une femme et voulait lui faire connaître des choses sur ses goûts et sur sa vie. Il voulait lui faire connaître son cœur pour qu'elle pensât : Voici un jeune homme au beau cœur et qui vient d'une province d'ombrages et d'amour. Il voulait l'attirer à lui par toutes ses confidences.

— Ça me rappelle ma petite ville. Il y a la maison de mes parents entourée d'un grand jardin. A Paris, vous ne connaissez pas les jardins. Le soir, il y fait bon vivre. On boit du lait, on mange les poulets de sa basse-cour. Il y a une petite rivière et une grande forêt. Les arbres

de la forêt sont frais. J'ai un ami qui dit : Ils sont verts comme la jeunesse et si frais qu'on croirait que c'est eux qui font le vent. Ma petite Berthe, je t'embrasserais dans les sentiers. Nous nous assoirions sur la mousse et, sans que personne nous dérangeât, nous jouerions à tous tes jeux.

Elle disait :

— Je ne connais pas la campagne plus loin qu'à Clamart. Le médecin voulait que j'y aille passer trois mois à cause du bon air. Les médecins se figurent qu'on peut faire tous leurs remèdes.

Il dit encore :

— Nous nous promenons tous deux sur ces quais en silence. Je ne me sens pas du tout gêné quand je suis avec toi parce que tu te laisses conduire et parce que tu te laisses faire. Tu n'es pas comme il y en a qui vont vite et ne veulent pas même causer. C'est bestial, avec elles. On voit trop qu'elles travaillent et qu'elles ne plaisantent pas avec le travail.

Et il répétait :

— Je ne me sens pas du tout gêné quand je suis avec toi. Tu ne causes pas beaucoup ce soir, mais moi je cause d'être content. Tu verras que je suis bon garçon et que pour les petites femmes je sais faire toutes les bonnes actions que l'on peut faire. Je les embrasse comme ceci, pour qu'elles rient, et je saurais les aimer toute ma vie pour qu'elles soient heureuses. Mais toi, tu m'as plu tout de suite. Tu es de la taille de ma sœur. Nous nous promenons tous les deux et je lui raconte mes histoires. Je voudrais aussi te les raconter parce que tu es gentille et que tu portes à la confiance. Je voudrais te dire tout ce que je sais. Je suis tout seul à Paris, mais je ne suis pas malheureux, au fond. Je travaille et j'écris chez moi et l'on me répond. C'est maman qui me répond. Elle ne sait pas très bien écrire, mais quand elle dit : « Je t'aime bien, bien, mon Pierre », je sens que les mots pèsent comme des phrases entières.

— Moi, disait Berthe, j'ai perdu ma mère à seize ans. Elle est morte quand j'étais à l'hôpital. On n'a pas voulu que je la voie. Moi, j'étais anémie-chlorotique et ce n'est pas ça qui m'a guérie. Je me disais : A présent que ma mère est morte, je vais avoir de la peine. Je n'ai pas pleuré du tout parce que j'avais trop de mal, mais je sentais sa mort dans tous mes membres. Elle nous aimait bien. Des fois, le samedi, elle disait : « Allons, les enfants, je paye le café. » Nous descendions au bar avec ma sœur Marthe et ma sœur Blanche. Les gosses jouaient à la porte. Moi, j'aimais bien ça parce qu'il y avait du monde.

Puis elle dit :

— Si tu veux, nous allons rentrer. Il faut que je te quitte vers dix heures, sans ça je ne pourrais pas rester assez longtemps.

Ils firent demi-tour. Pierre lui lâcha le bras pour entourer la taille et marchait en la collant à lui. Il l'approchait de sa chair comme il l'avait approchée de son cœur. Il en touchait tout ce que l'on pouvait toucher : les hanches balancées, la taille flexible qui se plie et pèse, les seins doux et déjà mûrs des filles publiques à vingt ans. Il en touchait tout ce qu'il pouvait toucher, mais il aurait voulu toucher davantage. Il aurait voulu qu'elle fût toute nue, et la sentir, et la baiser partout, et la goûter. Tous les flots de son sang roulaient pour cela de grosses ondes rouges et gonflaient ses sens comme des fruits débordants. Tout à l'heure il pensait à lui parler de Louis Buisson, de sa mère et de ses sœurs afin de verser jusqu'au fond son âme dans la sienne. Maintenant il n'y avait plus qu'elle au monde. Face à face, il allait la baiser sur les lèvres et déjà son corps éclatait.

Mais Berthe ne parlait guère. Elle ne parlait pas, et ne pouvait pas parler de sa vie et de ses désirs. Elle écoutait Pierre. Petite prostituée douce et débutante, elle pensait encore avec douceur : « Ce jeune homme a bon cœur et parle comme un amoureux. » Il était impossible de profiter de son cœur au delà de cinq francs parce que c'était tout ce dont il disposait. Quant à l'amour, elle en avait trop usé. Elle savait de quoi se compose l'amour depuis qu'elle laissait les mâles après elle courir, qui profitent de toutes les faiblesses et satisfont tous leurs besoins. Elle savait qu'il faut convertir l'amour en espèces, car l'amour est fatigant, et c'est l'argent qui réconforte. Tout cela, Berthe le savait à vingt ans. Celles qui ont de quoi vivre cherchent l'amour parce qu'il fait du bien, mais les filles publiques réduisent l'amour de leurs clients parce qu'il fait du mal. Et Pierre, ce grand garçon ardent, était pour Berthe un homme de plus à subir.

Elle pensait à son amant Maurice, à sa robe, à ses bottines. Hier soir il avait fallu qu'elle payât sa chambre.

Les propriétaires d'hôtels meublés ne se fient pas aux femmes qui font la noce. Il avait fallu payer. Mais elle ne pouvait pas donner sept francs, puisqu'elle n'en avait que cinq. L'autre accorda un jour de grâce pour les quarante sous qui restaient, mais il était bien entendu qu'en cas de non-paiement elle ne rentrerait pas dans sa chambre. Comme conséquence, à midi ils mangèrent quelques restes de la veille, mais le soir elle ne mangea pas. Maurice disait : « Tu es une imbécile qui ne saura jamais travailler. » Elle n'avait pas faim parce que dans les familles nombreuses les estomacs d'enfants deviennent élastiques et peuvent se resserrer sans souffrance. Elle eût bien mangé pourtant, et de la viande, et des aliments forts, pour compenser cet affaiblissement de l'amour et des nuits sans sommeil. Voici que Pierre lui servait des discours ! Elle ne s'en plaignait pas, car il y a des clients grossiers. Certes, elle aurait pu lui confesser la chose, mais elle craignait qu'il ne déduisît des cinq francs le prix de ce dîner. Elle se contenta de penser : « Je n'ai pas mangé ce soir, et c'est bien ennuyeux. »

Et puis il y avait sa robe dont la jupe était lasse et le corsage décoloré. On trouve au Carreau du Temple des merveilles qui coûtent vingt francs. Sa sœur Blanche avait acheté une robe de soie, que d'ailleurs elle portait mal.

Il y avait son chapeau canotier sale et déformé, mais il y avait surtout ses bottines. Dans ce métier où l'on marche, les talons se défoncent, les semelles se trouent, les dessus claquent... Mais c'est qu'il faudrait de belles bottines ! car l'élégance de la bottine accentue la forme de la jambe alors qu'on se retrousse pour attirer l'homme. Or il est certain qu'avant deux jours les bottines de Berthe lâcheront son pied. Et heureusement que le temps est beau! Elle faisait des calculs pour savoir si, après avoir mangé demain et après-demain, il lui resterait de quoi acheter des bottines.

Elle ira voir chez un revendeur de la rue des Prêtres-Saint-Germain-l'Auxerrois, où l'on trouve des occasions pour trois francs.

Berthe pensait à toutes les choses de sa vie de prosti-tuée. Elle pensait qu'après avoir travaillé ce soir avec Pierre il lui faudrait travailler avec un autre et que demain il y aurait à faire deux hommes encore. Après-demain il faudrait qu'elle travaillât pour sa robe, ensuite pour son chapeau et alors ses bottines seraient usées.

Aux journées de fatigue succèdent les journées d'épuisement tout le long des jours où nous marchons. Le boulevard Sébastopol et les Grands Boulevards, avec leurs lignes de trottoirs, sont durs comme des pierres quand on les a suivis longtemps. Nulle part on ne rencontre un peu de charité. Le jeune homme de ce soir usera de Berthe au moins deux fois. Les autres en voudront pour leur argent. Les hommes abusent de notre corps et le crèvent pour nous donner du pain. Et ces idées tournaient dans sa tête comme un monde de petites bêtes noires qui bourdonnent, piquent et font du mal aux enfants.

Ils arrivèrent à la porte de Pierre. Dès le seuil il la prenait à pleins bras en disant :

— Je t'aime, ô ma petite Berthe!

Puis il fouillait dans son corsage.

CHAPITRE IV

DANS la chambre d'hôtel, rue Chanoinesse, à midi, la
fenêtre donnant sur la cour, avec ses rideaux gris et
ses carreaux sales, envoyait un jour sale et gris. Le papier
des murs à fond jaune, le parquet mal soigné, les quatre
meubles et la malle formaient un intérieur de fille publique
à cinq francs la semaine. La table en bois blanc, pénétrée
d'humidité, les deux chaises éventrées, l'autre table avec
la cuvette ne semblaient pas des choses vieilles, mais des
choses tristes et moisies que le vice a rongées ; et il y
avait le lit défait où les deux corps marquèrent leur place
de sueur brune sur les draps usés, ce lit des chambres
d'hôtels, où les corps sont sales et les âmes aussi.

Berthe, en chemise, venait de se lever. Ses épaules
étroites, sa chemise grise et ses pieds malpropres, mince et
jaune, elle semblait sans lumière non plus. Par ses yeux
bouffis et ses cheveux écartés, au milieu du désordre de
la chambre elle était en désordre et ses idées étaient
couchées en tas dans sa tête. Les réveils de midi sont
lourds et poisseux comme la vie de la veille avec l'amour,
l'alcool et le sommeil. On éprouve un sentiment de
déchéance à cause des réveils d'autrefois où les idées

étaient si claires qu'on eût dit que le sommeil les avait lavées. Quand tu auras dormi, mon frère, tu n'auras rien oublié. Elle ressentit encore ce poids d'angoisse qui, depuis hier, l'empêchait de respirer. Elle se rappela tout, et cela s'appuyait à deux genoux sur sa poitrine comme un monstre en colère. Vraiment avec ses tempes aplaties, ses pommettes décolorées et ses lèvres lâches, on sentait qu'elle avait peu d'idées et peu de courage, et l'on sentait encore que la vie est mauvaise parce qu'elle frappe à grands coups sur les enfants qui font le mal sans en mesurer l'étendue.

— Tu sais, Maurice, ça doit être ce que je pensais. J'en ai parlé hier à ma sœur Blanche. Elle m'a tout expliqué comment ça l'avait prise et c'est la même chose.

Il ne répondit pas un mot.

Elle remontait de jour en jour jusqu'à l'origine du mal, par besoin d'en connaître l'auteur. Il faut quarante jours, lui avait-on dit. Alors elle remontait d'homme en homme, suivant les circonstances, et de cuvette en cuvette. Tout le défilé d'amour avec ses mots et ses gestes parcourait les chambres d'hôtel, mais elle eût voulu, se plongeant dans le passé, l'arrêter de ses deux mains et reconnaître un homme et supprimer le jour où elle l'avait connu. Elle crut avoir trouvé, puis elle se dit que cela maintenant était inutile et que tout était inutile. Alors elle se plia et se laissa couler dans ses tristes sentiments.

Maurice rompit le silence.

— Je voudrais connaître celui qui t'a passé ça pour pouvoir lui casser la tête.

Rapidement elle s'habilla, ensuite elle descendit acheter

LE PL

un litre et de la charcuterie. Ils mangèrent en face l'un de l'autre sur la table humide. La carafe sale des locataires qui boivent l'eau gluante des hôtels meublés. Maurice, la tête baissée, mangeait avec force de grosses bouchées qui grossissaient ses mâchoires.

Il prit en même temps que sa casquette une pièce de cent sous posée sur la table de nuit et sortit.

L'après-midi d'août s'étendant au ciel bleu tombait sur nos épaules comme un manteau lourd. Il suivait le quai aux Fleurs où les fleurs avaient soif et où les marchandes suaient pacifiquement en regardant les passants. La chaleur pesait sur sa tête et la chargeait d'un poids informe de pensées qu'il ne pouvait formuler, mais qu'il sentait remuer toutes ensemble. Pour la première fois de sa vie il connaissait l'indécision. Le long des quais peu fréquentés, lui, qui d'ordinaire marchait sans analyse à son but, il marchait sans but et écoutait sonner ses pas. Il prit le quai de l'Horloge, marcha le long des murs du Palais de justice, qui sentent la prison, traversa la place Dauphine, le Pont-Neuf et suivit la ligne des quais parmi les arbres et les livres, avec de grands pas lourds, comme s'il eût voulu marcher sur ses pensées. Il ne regardait rien, pas même les terrassiers et les maçons de la gare d'Orléans, pas même les bateaux-mouches et les remorqueurs. Il marchait avec énergie dans le flot de pensées qui descendait en ses membres ainsi que chez les hommes d'action où les pensées se font gestes. Il fit demi-tour au pont de la Concorde, reprit la ligne des quais, puis enfila la rue Bonaparte pour se diriger vers Plaisance.

Le grand mot sortit, qu'il promenait à grands pas, et, comme un tonnerre, éclata, pendant qu'il marchait, et puis roula, battant sa marche comme un noir tambour. La vérole, Berthe et la vérole! Il la sentait à ses côtés comme un compagnon rouge et sanglant, comme un hôte incroyable et féroce. Il prit la rue Bonaparte comme on se jette à l'eau quand des flammes nous mangent, et monta vers Plaisance. La vérole, Berthe et la vérole! Il connaissait ses ennemis et les regardait face à face comme un homme qui n'a pas peur. Puis il savait combattre, puis il allait dans la vie sans regrets et sans honte, puis il acceptait le hasard tel qu'on le rencontre aux chemins de Paris avec le vol, le crime et les prisons. Mais la vérole, Berthe et la vérole! Il aurait voulu la prendre et la secouer, les yeux dans les yeux, jusqu'à la mort et jusqu'à la victoire.

Il pensait à des drames, à *Roger la Honte,* à des hurlements et à des défaites. Il se rappela son nom savant: la *syphilis.* La science implacable et tranchante qui nomme les maux et les connaît, il en eut peur parce qu'elle nous renverse dans les hôpitaux, parce qu'elle nous regarde et nous voit, parce qu'elle plonge dans notre vie ses mots et ses instruments comme si nous n'étions rien que de la chair, de la maladie et de la mort.

Mais ce mot, la *vérole,* était plus terrible encore. Certes, Maurice n'avait pas peur des mots. Les mots sont les fantômes des imaginations malades, au-dessus desquels il y a la vie qu'il faut vivre sans penser aux mots. Il était un « souteneur», un «individu sans aveu », et bien des fois

cela le faisait rire. « La fille publique Berthe Méténier »,
aussi. Et qu'importaient les mots, pourvu que l'on vécût
à sa guise! Mais la vérole! Il se rappela une histoire de
son enfance. Il avait quatorze ans, lorsqu'un de ses voisins mourut à vingt-deux ans. Les voisines disaient : « Il
est mort comme un vrai fumier. On dit qu'il était complètement pourri. » Être complètement pourri... Il lui venait
d'autres souvenirs d'enfance et des idées de pureté. Jamais
il n'avait été malade. Sa mère, qui venait de la province,
eût dit : « Ce sont des maladies que l'on n'a jamais vues
dans nos familles. » Être complètement pourri... Il ima-
ginait des plaies rouges et suintantes, des bandages et
de la charpie et se voyait étendu dans un lit d'hôpital
avec un corps vert et complètement pourri. Du temps
où il était ébéniste, un de ses camarades disait : « Si
jamais il m'arrivait d'attraper la vérole, je me logerais
deux balles dans la tête. »

Dans Plaisance, il alla tout droit chez sa mère. Elle
vivait dans une boutique d'épicerie une vie sage et
encombrée. Elle ne vendait guère que pour deux sous à
cause des « magasins d'approvisionnement » qui prennent tout l'argent des quartiers. Elle restait à côté de son
comptoir, servait et causait, avec l'allure familière et
bavarde du petit commerce.

Une voisine, qui se trouvait là, dit : « Je crois que
voici votre fils. »

Il avait cette politesse accentuée qui ramène les gens
à de meilleurs jugements et qui fait que nos parents
jamais ne nous renieront. Puis il alla dans l'arrière-

boutique. Il s'accouda sur la table et vit danser les objets de cette chambre aux sons d'une musique de sa tête en vérole. D'habitude il les regardait comme on regarde une vie mesquine, pensait à ses idées de liberté et goûtait un sentiment de supériorité. Mais, cette fois, lui, Maurice, qui ne connaissait pas les regrets, il vit combien l'arrière-boutique était paisible et combien la paix était bonne. Cependant que sa tête toute remuée dansait et, comme une épave tourbillonnant sans fin, de gouffre en gouffre, tourbillonnait et dansait.

Il secoua ce cauchemar :

— Donne-moi un verre de vin.

Elle craignait d'ailleurs qu'il ne vînt lui demander de l'argent. Elle dit :

— Tu as l'air triste.

Il but et répondit :

— Oui, ce soir je m'emmerde.

Puis il se leva et partit.

Il s'enfuyait et marchait au milieu des maisons noires et populeuses, devant les boutiques et les bars de sa jeunesse, pendant que les voitures fracassaient les pavés; il voyait passer les passants des faubourgs, depuis les femmes des ouvriers, qui dans la rue piaillent, jusqu'aux camarades en bourgeron bleu qu'une fille publique, leur femme, accompagne en riant. La vie s'éveillait et vivait avec une sorte de fièvre, depuis les cris et les courses des uns, jusqu'à l'alcool et l'amour des autres. L'atmo-sphère sentait comme à la porte des épiceries en gros et comme à la porte des marchands de vin. Alors, dans ce quartier de Plaisance, il pensa à son ami le Grand Jules et se sentit renaître à l'espérance. On ne sait pas comment renaît l'espérance. On marche dans la rue de Vanves, un après-midi d'août, on se souvient que le Grand Jules a eu la vérole, on se rappelle que Charlot, Paul et d'autres l'ont encore, et l'on pense qu'à ceux-là jamais la vérole n'a fait de mal. Ensuite on se dit : « Mais rien ne prouve que j'aie moi-même la vérole. » Et l'on essaie de se démontrer qu'on ne peut pas l'avoir, puisque Berthe a parlé dès le premier symptôme et qu'alors on s'est abstenu.

C'est ainsi qu'il arriva dans l'avenue du Maine, en pays connu. Il y a par là des bars où sont les amis. Déjà Maurice pensait à les chercher, lorsque, regardant une terrasse, il aperçut le Grand Jules.

— Je pensais à toi. Te voilà.

Le Grand Jules buvait un « café-marc » à la terrasse d'un bar, tout seul, en regardant l'avenue. La casquette d'aplomb sur la tête, la tête solide et droite, il regardait les choses et les passants, et ses idées, fermes et calmes comme lui-même, occupaient chacune sa place ordinaire, fermes et calmes, et levant la tête. Maurice s'assit à son côté. Le Grand Jules l'aimait, quoiqu'il fût petit, à cause de sa volonté qui raidissait ses muscles et ses mâchoires. Maurice commanda un verre de vin. Les passants défilaient devant eux qui, pour s'occuper, les regardaient et les jugeaient d'une phrase brève et souvent ironique. Cela rappelait le jour de la Création, alors qu'Adam, le roi du monde, assis au pied d'un chêne, voyant passer les animaux, les examinait et les nommait.

A la fin, Maurice n'y tint plus.

— La vérole, toi qui as eu la vérole, est-ce que ça met sur le flanc?

— Tu as la vérole?

— Non, mais ça me pend au nez.

— Ha, ha, ha!... fit le Grand Jules, ça n'est pas au nez que ça pend. Bah! La vérole ne fait pas de mal. Moi, il y a deux ans que je l'ai. On m'a fait prendre des pilules quand j'étais à la Santé. Je n'ai jamais rien eu. Au fait, tu la connais, c'est Francine qui m'avait passé ça. J'aurais pu ne pas y revenir, on m'avait prévenu d'avance, mais on ne lâche pas une femme parce qu'elle a la vérole.

Il expliqua ensuite qu'on avait des taches sur la peau et des plaques dans la bouche et que ça passait tout seul. Assis sur sa chaise, il expliquait la vérole avec des mots égaux, puis, quand il eut parlé, il pensa à autre chose. Ni la prison ni la vérole jamais ne l'avaient gêné parce que sa volonté était plus forte que tous les maux. Il cheminait d'un pas adroit au milieu des dangers et luttait sans colère et sans fièvre quand il avait résolu de lutter. J'ai dit qu'il était plus fort que la vérole.

Il fut étonné d'ailleurs que Maurice ne l'eût pas encore : «Nous l'avons tous», répétait-il. Maurice commanda deux verres de marc et vida le sien d'un seul trait. S'il n'avait pas son mal, il était temps de quitter Berthe. Il pouvait ne pas l'avoir, puisqu'elle avait parlé dès le premier symptôme. Les femmes passent, se suivent et sont si nombreuses qu'un homme habile ne risque pas d'en manquer. Ces idées tortueuses rampaient et semblaient entourer

son cerveau. Mais les idées du Grand Jules, jetées en avant, d'un jet sûr, vivaient devant ses yeux, et il les voyait debout, côte à côte, qui marchaient. Il vida son verre de marc d'un seul trait.

Chacun paya sa tournée, ils se levèrent. Il était quatre heures. Ils descendirent l'avenue du Maine, les mains derrière le dos, à pas lents, avec leurs regards assurés de marlous. De chaque côté de l'avenue large, les maisons semblaient basses, les étalages semblaient mesquins et les passants semblaient rares. C'est pourquoi Jules et Maurice semblaient grandis. Le pas lent du propriétaire, le regard assuré du maître, ils étaient dans leur quartier qu'ils connaissaient comme on connaît une partie de soi-même et sur lequel ils possédaient des droits. Maurice retrouvait un peu de foi : Je suis Maurice qu'on appelle aussi Bubu de Montparnasse. Dans ce quartier où marquèrent ses premiers pas, il se sentait agile et libre comme au premier jour et regardait les choses en pensant qu'autrefois il les connaissait, mais qu'aujourd'hui il les connaissait encore mieux parce qu'il avait plus d'expérience.

La foi. Celui qui s'examinait lui-même en imaginant toutes sortes de maux retrouve les forces anciennes qui l'animaient et sent qu'elles sont éternelles et combattront les maux. Ils croisèrent la môme Cécile, en cheveux, en tablier, qui, comme eux, passait avec aisance dans les rues de son quartier. Elle était brune, un peu épaisse, aux traits accentués, et faisait penser à des coups de couteau. Elle dit :

— Je plaque Machin. Il parle de me décoller. Je lui ai dit : Oh ! là, là, mon petit ! T'as jamais cassé trois pattes à un canard.

Le Grand Jules souriait parce qu'elle était une de ses femmes. Il n'en voulait garder aucune auprès de lui, mais il s'était ménagé dans le cercle de ses opérations quelques droits à leur amour. Il en cueillait une chaque soir en rentrant et couchait avec elle sans phrase.

Maurice souriait parce qu'il était bien supérieur à ceux qu'on plaque.

Alors toute sa foi lui revint : Je suis Maurice qu'on appelle aussi Bubu de Montparnasse. Il se redressait, bombait la poitrine en tapant des talons, et depuis la tête jusqu'aux pieds sentait qu'il était Bubu de Montparnasse.

Le Grand Jules, à son côté, suivait sa route, silencieux et plein de gloire comme une armée en marche. Il savait maintenant que la vérole fait partie de la vie des hommes. Depuis longtemps il le savait, mais il est des connaissances qui ne sont pas gravées profondément dans nos cœurs. Comme tous les hommes, Maurice arrivait à la science pleine après avoir beaucoup souffert. Être complètement pourri... Ces mots l'amusaient maintenant lorsqu'il pensait à Jules et à tous ceux qui n'étaient pas complètement pourris. La syphilis et la science qui nous fouille pour chercher des maladies, ah ! la syphilis et la science se butent contre nos volontés comme des médecins qu'on peut attaquer et piller au coin des rues. Et sa mère et l'épicerie étaient des occupations misérables qui se baissent et se cassent en deux pour ramasser un sou. On appelle cela des accidents. Les accidents de la vérole ressemblent à la prison que l'on peut éviter, ou de laquelle on sort implacable et fortifié.

Et dans sa joie nouvelle, il lui venait des envies de boire. Boire, c'est de la joie, et quand on est déjà plein de joie, boire, cela nous comble et nous enivre. Ils s'installèrent en face de la gare Montparnasse. Deux absinthes. De grosses voitures secouées, des fiacres aux vitres dansantes, des omnibus et des tramways avec leurs roulements et les cris de leur corne, des sifflets de locomotives, des passants en sueur, le soleil pesant de cinq heures, la poussière d'un soir d'août, et les départs et les retours, et cet aller de milliers d'hommes formaient une vie infernale avec des grues à vapeur, avec des wagons, avec des hommes, des voitures, des bêtes et des caisses, avec la civilisation des usines et des gares, avec tout ce qui roule et tout ce qui s'en va, avec le temps qui passe en hurlant. On dit : Ce sont deux souteneurs qui prennent leur absinthe, et l'on croit que l'absinthe reste calme au cerveau des souteneurs. Maurice avait retrouvé, auprès du Grand Jules, en descendant l'avenue du Maine, sa foi d'homme et marchait en savourant dans sa conscience tout le bien et tout le mal. La science du mal est bonne comme un bon fruit sur la route sèche et nous aide à marcher, entre la vérole et la prison, comme de grands voyageurs sans hypocrisie et sans peur. L'absinthe la remuait, la roulait dans leur cerveau avec de la fièvre et du bonheur. Je suis Maurice qu'on appelle aussi Bubu de Montparnasse. Maurice est un homme qui prend les femmes dans sa main et les façonne. Il prend Berthe la fleuriste, il la choisit belle et vierge, puis il en fait son plaisir, puis il en fait son métier. Il regarde autour de lui, comprend les choses d'un seul regard, et pour les bicyclettes, et pour les étalages, ses doigts sont rapides comme un coup d'œil. Il connaît la science plus compliquée des serrures, qui se compose d'un coup de doigté avec un coup de muscle et qui nous livre les hommes comme des enfants et les coffres-forts comme des jouets. Il connaît les pas silencieux qu'on appelle des pas de loup et sait regarder l'ombre avec des yeux de braise. Il connaît les coups qui font mal et ceux qui tuent, l'attaque et la défense, et les lames de couteau qui peuvent ouvrir un chemin quand l'homme est en danger. Il marche sans un souci dans les rues des villes pendant que les uns souffrent et pendant que les autres peinent; il peut conquérir ce qui l'entoure; il marche et semble un homme marchant dans sa maison. Il se sentait libre et plein dans ses idées, dans ses organes, dans sa vie pensée, dans sa vie vécue...

Le Grand Jules lui frappa l'épaule :

— Hé, Maurice, faut pas dormir!

Il répondit :

— Ça m'amuse, je pense à ma vérole.

Le Grand Jules éclata de rire :

— Tu penses à ta vérole!

Il commanda deux autres absinthes.

La seconde absinthe emplit Maurice de murmures et coulait comme une onde et venait entourer son cœur. Il la sentait bourdonner dans sa tête avec mille pensées éveillées qui roulaient, riaient et chantaient. Les échos du bien répondaient aux échos du mal comme des voix qui s'appellent et comme des pas qui s'en vont. Berthe se penchait pour l'aimer et riait en ayant la vérole. Le monde ressemblait à un homme qui boit des absinthes aux terrasses, innocent et vérolé. De grands sentiments se promenaient en criant, dans les rues, près des gares, comme l'Amour, comme la Foi, comme la Science. On voyait de la joie, les mouvements semblaient des danses, les hommes étaient petits auprès de celui qui songeait, et la Vie riait comme une femme que l'on connaît et que l'on sait conduire.

Tout à coup il se rappela la chanson. Chanson qui consoles, ô vieille chanson des véroles, qui fais de la musique sur les malades, tu nous rends doux et poétiques comme la souffrance des blessés :

De l'hôpital, vieille pratique...

Tu contiens une grande part d'amour et de résignation et tu contiens encore plus que de la résignation. Tu nous mets en croix sur nos calvaires, tu nous montres nos plaies, tu chantes les remèdes et tu ris des maux, tu danses à cause de nous et tu nous fais croire que nos souffrances sont glorieuses. Oh! sois bénie! Vieille chanson des véroles, dans l'hôpital où tu naquis, tu chantais de lit en lit dans tous les cœurs, tu divinisais les mourants et tu battais des ailes sur le front des vérolés, vieille chanson des véroles!

« Celui à qui il a été donné de souffrir davantage, c'est

qu'il est digne de souffrir davantage. » Tu fais penser à cette belle parole. Es-tu la science du bien, es-tu la science du mal ? Tu mets ton vieux corps près du nôtre, tu parles de mercure et tu parles d'amour. Tu dis : « Mon frère, c'est ta sœur qui s'asseoit sur ton lit et qui met ses deux mains sur ton cœur guéri. »

Lorsque Maurice eut quitté Jules, il prit la rue de Rennes et pensait à rentrer chez lui. L'air plus frais de sept heures circulait entre les maisons et, rafraîchissant les fronts, adoucissait les idées après le travail quotidien. Les passants, un peu lourds, sentaient leurs épaules dégagées de besognes et montaient vers leurs maisons et vers leurs femmes avec de clairs sentiments d'été. Maurice valait bien mieux qu'à l'ordinaire. Un sang alcoolisé coulait dans ses membres avec des moments d'entrain, puis avec des moments de bonté. Pourquoi le cœur des hommes est-il si grand ? « Je suis tout drôle, ce soir », se disait-il. Il passa devant un grand magasin d'épicerie et, regardant l'étalage, il vit des boîtes de mandarines. Petites mandarines, petits riens avec du jus, vous n'êtes pas faites pour les gueules des marlous. Il passa devant un autre magasin d'épicerie et cette fois-ci regarda s'il y avait encore des boîtes de mandarines. On croit la chose difficile. Il faut d'abord que le coup d'œil soit décisif. Personne ne voit. Il faut alors que le geste soit rapide et dégagé. Maurice mit la boîte de mandarines sous sa veste sans arrêter sa marche. Faire plaisir à Berthe, avoir des mains ouvertes pour donner un souvenir, un peu de son travail, un peu de son amour, quelques mandarines pour une bouche fine.

Il eut ensuite une idée de vérole! Eh! s'il n'avait pas la vérole! s'il n'avait pas la vérole! Alors il lui sembla que ce serait retrancher quelque chose à sa gloire. Il marchait avec tant de passion que ses jambes semblaient soulevées. S'il n'avait pas la vérole, il était grand temps de l'avoir. Il allait à son but, ses mandarines sous le bras, l'âme élargie, avec une voix si forte qu'il ne pensait même pas à jeter un regard en arrière.

Lorsqu'il entra dans sa chambre, Berthe faisait une petite cuisine pour le repas. Il dit :

— Vois donc. Je t'apporte une boîte de mandarines.

Elle sourit doucement :

— Oh! Maurice! mais il y a quelque chose pour que tu sois si aimable.

— Viens m'embrasser.

Elle s'approcha, et comme elle lui donnait son baiser franc sur les lèvres, il lui posa les deux bras autour des épaules et la retint. Il la baisa sur la bouche à son tour. Puis il continua : une fois très fort, une fois légèrement, puis très fort, puis moins légèrement... Pendant ce temps il l'approchait de lui, se la collait au ventre. Elle dit :

— Lâche-moi, tu vas me faire brûler mon fricot.

Il rit.

— Ça m'est égal.

Il la prenait à tour de bras, la soulevait un peu, la pliait en arrière, se l'attachait à la peau. D'habitude il n'était pas si pressé. Il l'entraîna, tout habillée, vers le lit.

Berthe le regardait dans les yeux, avec son air triste :

— Il ne faut pas, Maurice. Tu sais que...

Il répondit :

— Je m'en fous.

Lorsqu'il la pénétra, il sentit son cœur fondre, se fit très doux et dit :

— Est-ce que je te fais mal, ma petite femme?

CHAPITRE V

Louis Buisson habitait au cinquième étage, quai du
Louvre, une petite chambre carrée. On y voyait un
lit de fer avec quatre boules de cuivre, une bibliothèque
en bois léger, une commode-toilette, une table recouverte
d'un tapis rouge, une chaise et deux « fauteuils armé-
niens » qui avaient coûté douze francs au bazar de l'Hôtel de Ville. Un tapis de linoléum recouvrait le plancher,
deux affiches et quelques gravures ornaient les murs.
C'était la vie bien rangée d'un garçon qui fait sa chambre
lui-même et la revêt simplement, à l'image de son esprit.
La fenêtre ouvrait sur un grand bras de fleuve, à côté du
Pont-Neuf et de son petit square où l'air, la lumière et l'eau
formaient un spectacle mobile et rafraîchissant. Sommes-
nous à Paris ? Nous sommes en haut des airs, dans un
pays d'eau, mais dont l'air gronde comme des voitures
qui roulent.

Ce soir-là, Louis Buisson faisait son café : Ce sont ces
besognes simples : faire sa chambre ou préparer son café,
qui calment notre esprit et qui ordonnent nos idées comme
des meubles bien en place... D'ailleurs, il avait ses principes pour la préparation du café. Il n'utilisait pas le marc

et versait l'eau bouillante goutte à goutte sur le café fraî-
chement moulu. L'opération est un peu plus longue, mais
pour avoir de bonnes choses il faut prendre beaucoup de
peine.

Quand Pierre Hardy frappa à la porte, on n'attendait
plus que lui pour verser le café. Louis Buisson disait :

— Je suis désorienté. Je t'avais parlé d'une petite bonne
avec laquelle j'entretenais une correspondance et j'espé-
rais en elle arrêter mes désirs. Les femmes du peuple
sont simples et toutes les femmes sont malléables. Je lui
prêtais quelques livres pour la façonner à mon gré. Elle
aimait lire. Je me disais : « Elle saura comprendre les
choses délicates qui sont l'ordre et le bonheur d'une maison. Le soir, je travaillerai chez nous. Elle coudra en se
reposant et je la sentirai à mon côté comme une petite
flamme qui brûle. » Voici ce qui est arrivé : avant-hier et
hier nous sommes sortis ensemble, sa patronne étant en
voyage. Ma petite bonne aime tous les plaisirs et souffre
parce qu'elle ne va pas s'amuser au café-concert, danser
au bal ou voir les lumières des rues. Il a fallu que je la
mène un peu partout et ensuite elle voulait aller au bal
Bullier. Alors j'ai compris, moi qui voulais être un homme
du peuple, que le peuple aimait trop les plaisirs mauvais.
Je ne dois pas être du même peuple que les autres, c'est
pourquoi personne ne saurait me comprendre et goûter
du plaisir en vivant ma vie. J'ai rompu. Moi qui croyais
avoir trouvé la femme, je suis tout seul à présent.

Louis Buisson était un peu dogmatique et causait lon-
guement. On lui disait au bureau : « Oh ! vous, vous

voulez toujours avoir raison. Vous faites des discours. »

Ils buvaient leur café en fumant un mauvais cigare et chacun d'eux, assis dans un « fauteuil arménien », semblait un jeune bureaucrate timide et maladroit. Ils n'étaient heureux ni l'un ni l'autre à cause de l'amour qui remue les hommes à vingt ans, et à cause de Paris, qui est dur aux pauvres. Pierre Hardy disait :

— Je commençais à m'habituer à ma petite amie Berthe et à ses cent sous. Voici qu'elle est malade à l'hôpital.

Louis Buisson dit :

— J'ai connu des filles publiques quand j'habitais en hôtel meublé. Leur gaieté a des éclats comme des enfants qui crient pour ne pas avoir peur.

Pierre Hardy chez son ami avait beaucoup à apprendre. Ils vivaient d'une vie commune dont Louis Buisson était l'interprète. Il analysait avec force les événements et parfois, s'il découvrait quelque erreur ancienne ou quelque vérité nouvelle, il était désorienté lorsqu'il voulait mettre sa conduite d'accord avec ses idées. L'analyse n'est pas une science froide, elle qui passe par nos cœurs et les trouble. Les émotions de Louis éveillaient des émotions chez Pierre parce que leur vie était commune et parce que leurs âmes étaient sincères. Pierre se disait : « C'est drôle comme il a toujours raison ! » Il pensait comme son ami, mais il pensait beaucoup plus bas.

Pierre Hardy ajouta :

— Je l'aime bien plus depuis qu'elle est malade. Elle m'écrit des lettres malhabiles, mais où l'on devine qu'elle souffre et qu'elle devient délicate. Elle dit : « Je t'embrasse de tout mon petit cœur d'enfant malade. » Je lui envoie un peu d'argent. Il me semble, lorsqu'elle sera guérie, que nous nous serons rapprochés l'un de l'autre.

Louis Buisson partait dans ses grandes histoires. Il souriait en pensant : Je vais faire un discours. Puis il dit :

— Il faut aimer les filles qui souffrent. J'ai toujours cru que, si nous ne pouvions pas les sauver, c'est parce que nous ne savions pas assez les aimer. J'ai connu autrefois une débutante. A quatorze ans, chez sa mère, qui était remariée, et dont le second mari tenait un commerce de marchand de vin, elle fit connaissance d'un garçon aux yeux violents. Son regard la dominait comme une force puissante. Elle le suivit un jour à l'hôtel meublé où, docilement, elle devint sa femme. Elle m'a raconté que, toute nue, il l'avait prise ensuite dans ses bras et l'avait posée au milieu de l'édredon. Elle était si petite que l'édredon la débordait, elle ne bougea plus et, toute lasse, s'endormit là avec sa virginité perdue. J'ignore pourquoi ses parents ne la firent pas rechercher. Ils vécurent quatre mois sans qu'elle travaillât, mais peu à peu il la détournait de l'honnêteté. Il la mena lui-même sur les Grands Boulevards et lui choisit son client. Elle fit quinze francs et elle en éprouva une sorte de bonheur naïf.

Quand je la connus, elle n'avait pas seize ans. Je n'ai jamais vu de femme aussi courageuse. Elle avait fini par trouver du travail et cousait des paillettes. Mon cher ami, elle en cousait le jour, puis elle en cousait la nuit. Elle n'avait pas seize ans. Elle ne put jamais gagner cinquante sous par jour. Et l'Autre était là, derrière elle, avec ses deux poings et avec ses mâchoires. Il fallait bien parfois qu'elle descendît dans la rue, lorsqu'elle devait payer sa chambre. Je la connus. Il y avait des matins où elle venait me demander deux sous.

Le temps passa pour elle en lui apportant d'autres misères. Sa mère finit par s'inquiéter, la découvrit et la fit enfermer pendant un an au couvent des Dames-Saint-Michel, où l'on met des jeunes filles ayant de mauvaises dispositions. Quand elle en sortit, son amant la demanda en mariage et sa mère donna son consentement. C'est la folie qui règne sur le monde. Alors le passé recommença. Et puis il la trompait, il s'amusait à la tromper. Un jour de Carnaval, ils se promenaient ensemble dans la foule, lorsque passa une femme à suivre. Il la suivit et resta trois jours sans rentrer.

Plus tard ils se séparèrent, mais il venait de temps à autre la voir et il avait besoin d'argent. C'est alors qu'elle eut pour ami un jeune homme de dix-neuf ans : « Quand je devrais devenir bien vieille, me disait-elle, jamais je n'oublierai ce garçon-là. Ce n'est pas parce qu'il était riche, mais c'est à cause de ce qu'il faisait pour moi. » Il l'aimait avec un bon cœur d'adolescent. Une nuit qu'elle était fatiguée, il la porta dans ses bras depuis la place de la Bastille jusqu'au bout de l'avenue Daumesnil. Il aimait aller chez elle lorsqu'elle était absente parce qu'il mettait sur la table quelque jolie surprise et qu'il pouvait entendre son cri de joie quand elle rentrait. Mon cher ami, ce garçon, servi chez lui par des domestiques, et dont la mère avait une femme de chambre, allait voir sa petite amie, et lorsqu'elle n'était pas là, faisait sa chambre et cirait ses souliers. Leur histoire eut une triste fin parce que le mari battit le jeune homme qui dut garder le lit pendant six semaines.

Il n'y a pas longtemps que je connais ces choses, mais chaque jour je les comprends davantage. Il y eut un jeune homme de tant d'amour qu'il entra dans le cœur d'une pauvre fille. Et moi aussi, j'aurais dû entrer dans ce cœur. Quand vint le jeune homme, il était bien trop tard, mais moi il eût été temps. Il y a trois ans déjà. Elle n'était pas mariée et j'aurais pu la sortir des bras d'un souteneur. J'aurais dû la prendre et la mettre chez moi et combattre. J'aurais dû la sauver. Comprends-tu cela : *J'aurais pu la sauver !* Ah ! pourquoi ne l'ai-je pas assez aimée ? J'aurais dû faire sa chambre et cirer ses souliers, j'aurais dû consentir à garder le lit pendant six semaines. Une femme existe au monde, que j'aurais pu sauver !

Quand Louis Buisson eut fini son histoire, il mit sa tête entre ses mains et il y eut un silence pendant lequel chacun s'aperçut qu'il n'y avait plus de café dans sa tasse. On entendit rouler les voitures en bas du cinquième. Louis Buisson revint à la conversation :

— Tu me parlais de ton amie Berthe, mais tu ne m'as pas dit dans quel hôpital...

Pierre répondit :

— C'est à l'hôpital Broca.

Louis Buisson eut un mouvement.

— Mais, mon cher ami, tu ne connais pas l'hôpital Broca. J'ai vu tout cela et je te dis qu'à l'hôpital Broca l'on voit des filles. Elles sont bien malades, elles ont la syphilis.

Alors Pierre Hardy sentit l'histoire de Louis Buisson comme un feu dans son cœur. Véritablement il sentit des choses, mille choses le frapper ensemble, monter et noyer sa voix comme un débordement de maux. Puis il eut la sensation du bonheur dans la paix, parce qu'il avait fait un pas d'amour, une pauvre danse, un soir, qui, maintenant, avait des airs de syphilis et d'hôpital Broca. Il eut cette sensation du bonheur dans la paix, revit la façade de sa petite maison de province et la syphilis à son seuil. Il comprit que la vie lui avait semblé jusqu'ici trop facile.

Louis Buisson faisait ses discours :

— J'allais autrefois à l'hôpital Broca où l'un de mes anciens camarades de lycée était externe en médecine. J'ai vu passer au spéculum toutes les filles, avec leurs maladies. J'ai vu passer les petites femmes du Quartier qui ont un chancre et qui rient parce qu'on leur a dit : «La vérole n'est rien. Pendant trois ans on prend des pilules.» J'ai vu passer les femmes qui ont dix-huit mois de vérole et qui pleurent. Elles mettent leur tête sous leur bras et pleurent en disant : « Jamais je ne guérirai. » Les médecins les consolent en éclatant de rire. J'ai vu passer les vieilles. Comme des bêtes elles écartent les jambes. Elles sont un pauvre gibier que l'on blesse et qui se laisse faire sans une plainte, ayant l'habitude des blessures.

C'est ainsi que parlait Louis Buisson, ne pensant pas à Pierre. Puis il lui vint comme un éclair : mais Berthe, Pierre et Berthe !... Il regarda son ami qui, les deux mains jointes sur ses genoux, ne pensait pas, lui, à faire des discours. Cette pauvre fille a la vérole, il la voyait toute en larmes, avec les larmes des vérolés, et c'était si triste qu'il ne pouvait pas lui adresser un reproche. Le caractère des hommes, à vingt ans, se compose des paroles de leurs amis autant que des mouvements de leur cœur. Pierre pensait à toutes les idées d'amour qu'exprimait Louis et, sa générosité naturelle s'y mêlant, avait pitié de la vérole de Berthe en même temps qu'il avait peur de la sienne. Mais il avait bien peur. Il ne la connaissait pas assez pour oser la regarder en face, il savait qu'on en cause comme de la Honte et du Mal.

Alors Louis Buisson se leva, s'approcha de Pierre et, lui prenant les deux mains, il les pressait. D'ordinaire il était discret dans sa tendresse. Mais j'ai fait mal, Seigneur, avec mes discours. Il se révoltait contre lui-même, contre ses paroles, contre la vérité, contre l'hôpital Broca. Cela ne peut pas être, puisque cela fait mal et que mon cœur est bon. Il se leva, vint à Pierre et dit :

— Mais non, Pierre. Mais non, mais non...

Il criait et il avait envie de crier par-dessus les toits :

— Mais non, mais non, mais non...

Rentré chez lui, Pierre écrivit à Berthe :

MA CHÈRE PETITE AMIE,

J'ai bien de la peine en t'écrivant cette lettre parce que tu auras bien de la peine quand tu la liras. Tu es malade, ma petite Berthe, moi je voudrais être à ton côté pour te

consoler et te montrer que je souffre à cause de tes souffrances. Pourtant il y a des choses que je dois te dire.

Avant ce soir je ne connaissais pas l'hôpital Broca. Je
sais maintenant pour quelle maladie l'on t'y soigne. Tu
dois être bien triste, mais ne va pas croire que je t'abandonne. Je n'abandonne jamais les miens, et tu fais
partie des miens, puisqu'il y a déjà trois mois que nous
nous connaissons. Je t'envoie un mandat-poste de trois
francs.

Voici ce que je voulais te dire : nos relations doivent
changer parce que je ne veux pas attraper ton mal. Je
n'hésite jamais à faire le sacrifice de moi-même, mais,
ici, ce sacrifice me ferait du mal sans te faire du bien.
Nous continuerons à nous voir, n'est-ce pas? Nous nous
promènerons ensemble quand tu le voudras et nous
serons deux amis, l'ami Pierre et l'amie Berthe.

Tu comprends bien que je ne puis pas courir après ta
maladie. Je crois y avoir échappé, puisque je n'en vois
pas les signes, mais je ne suis pas encore hors de danger. Un de mes amis, qui est médecin, me l'a dit. Il faut
attendre une quinzaine de jours.

Berthe, si j'étais malade, je te pardonnerais. Je suis
d'une famille où l'on n'a jamais eu ces maladies-là. Je ne
voudrais pas la donner à d'autres. D'ailleurs, nous allons
nous écrire comme par le passé. J'espère bien ne jamais
me repentir de t'avoir connue.

Je te quitte, ma chère petite amie, en pensant bien à
toi. J'attends ta réponse avec une grande impatience pour
savoir si tu n'es pas trop triste à cause de ce que je t'écris.

Je t'aime toujours et je t'aime davantage parce que tu es malade.

Ton ami qui t'embrasse,

PIERRE.

Deux jours après, il reçut la lettre suivante :

PIERRE,

J'ai reçu ta lettre qui m'a rendu malade il fallait que je m'y attende à cette audace que tu ferais passé cela sur mon dos mais tu croyais peut-être que ça se passerai comme cela mais tu te trompe je n'ai jamais sesser de croire que c'était toi qui m'avait donné cette affreuse maladie. Mais tu as raison je n'ai jamais rien dis parce que tu m'aidais mais maintenant tu trouve que j'en ai assez comme cela mais je souffre et j'ai un chagrin a mourir et toi tu es heureux de ce que tu as fait et bien d'autres encore des jeunes filles a qui tu donne quelques francs et que pour la peine quelle se sont donné a toi tu les pourris. Peut être ses filles se sont-elles tué car moi si je n'avais pas songé à ma famille et j'ai penssé que mon père avait bien assez souffert avec la mort de ma mère sans apprendre ma mort suivante. Puis je ne croyait pas qu'un jour je rencontrerai mon bourreau boulevard Sébastopol le 15 juillet. Que j'ai pleurer depuis ce jour pourtant il est trop tard il faut bien que je m'y résigne aussi je te cause comme cela parce que je suis sûr que c'est toi qu'il me l'a donné et qui aura fait mon malheur pour la vie. Puis des jours de souffransse vont sécoulés encore

pour moi et encore pour d'autre qui souffriront que je les plains ses gens doivent souffrir à cause de toi car moi les gens qui savent que tu m'as causer ce mal t'en veulent plus que moi encore mais je n'écoute le conseil de personne et c'est pourquoi je souffre en silence. Tu dois savoir que je ne suis pas une salle fille car si je voulait je pourrai aussi moi a mon tour pourrir d'autres hommes mais je préfère me faire soigner puis quand je serai guéri je verrai ce que j'ai à faire mais je ne te pardonnerai jamais. Tu ne le mérite pas un homme qui ma fait tant de mal que je ne méritai pas non plus et je ne matendai pas un jour de passer au suplice car tu sais pour l'instant je souffre beaucoup de la gorge de se moment. Je sais bien que tu ten moque mais cela me soulage puis tu dois le savoir mieux que moi ce que l'on ressent pour avoir la tête en cette état et puis la charpie que j'ai ramasser un jour par terre tu ne te lave pas les pieds avec et puis l'onguent qui est sur la table toilette en dessous la cuvette tu te fais des frixtions avec pour la vérole ça fait du bien pas pour autre chose aussi... mais c'est la maladie qui l'exsige ou tu aurais plus d'accident que tu as et alors la femme qui irais avec toi le chaufferai tout de suite mais ce qui est embêtant c'est que quand on excite un accident vient et on le donne aux autres alors on la plaque et puis au tour à une autre puis tu es jaloux de savoir que les autres n'en ai pas autant que toi. Mais Pierre je t'en prie soingne toi comme moi et comme cela tu ne la donnera plus ou quelque fois tu pourrais tombé pire et te faire du mal c'est un petit conseil. Tant qua ton ami médecin ce n'est qu'une pure blague car tu en as assez de moi et pas davantage.

J'espère que tu ne m'en voudra pas de trop mais remarque que je ne suis pas trop méchante je ne désire qune seule chose c'est de ne jamais te rencontré car tu n'est pas un ami comme tu le dis tu es pour moi moin que rien ou le trotoir ou je marche tous les jours mais tu garderas mon souvenir dans ta mémoire comme je garderai le tien mais en homme pas digne d'avoir eu une fille comme moi car je suis ententu la meilleure fille que l'on puisse trouvé à Paris et c'est toujours comme ça. Enfin je daigne te répondre à ta lettre et te dire ce que je pense de toi malgré la haine que j'ai pour toi.

MADEMOISELLE BERTHE,
*la fille et pauvre malheureuse qui n'a que de
la haine pour celui quil la pourri.*

Quinze jours plus tard, le médecin reconnut que Pierre avait la syphilis.

CHAPITRE VI

Berthe resta à l'hôpital pendant un mois et demi. Maurice l'attendait comme on attend le pain de chaque jour et s'en allait, les jeudis et les dimanches, pour la voir. Elle disait : « Les médecins veulent me garder encore un mois. » — « Le temps me dure », disait Maurice. — « Que veux-tu, il faut que je me guérisse. » Il répondait : « Oh ! je sais, tu veux toujours faire à ta tête. »

Dans la chambre d'hôtel, il l'attendait assis, en buvant l'eau des carafes. Il mangea souvent du fromage de Brie. Pour trois francs, il vendit son parapluie et pendant deux jours attendit avec quelque assurance. Puis il y eut un camarade à la pièce de cinq francs qui paya la chambre. Il mangea quelquefois chez sa mère, mais elle lui refusait de l'argent. Il disait : « Tu me verrais bien crever ! » Elle répondit : « Travaille ! » Berthe put lui passer quelques pièces de dix sous : à l'hôpital on n'a besoin de rien. Il y eut aussi deux ou trois femmes qui offraient à déjeuner et payaient du tabac, mais aucune d'elles ne pouvait être sa vie parce qu'il avait choisi comme choisissent les hommes, — à jamais. Il y eut deux ou trois femmes, puisqu'un homme a besoin de cela. Il attendit assis, les poings aux dents, en mangeant du pain sec.

Il attendit, des après-midi entiers, dans les rues où il marchait sans cause. Parfois le temps devenait sombre et restait immobile au-dessus de sa tête comme un voile d'ennui, comme une chose indifférente et morte. Les jours d'action avec les camarades et les aventures lui semblaient des jours passés, des jours du vieux temps où l'on vivait chez les hommes. Il eut deux ou trois souvenirs : Berthe, avec toutes sortes de bâillements, se traînait dans la chambre et s'engourdissait encore. Elle disait : « Je m'ennuie. » Il répondait : « Si tu t'ennuies, je te fous ma main sur la gueule. » Il ne comprenait pas que l'on restât sans courage, pendant tout un soir, alors que la vie est nerveuse et le monde plein d'action.

Il comprenait bien mieux, à présent. Un peu de douleur nous éclaire et nous montre les maux que nous ne savions voir, comme des frères éternels et meilleurs. Il sentait encore que le bonheur est précaire, que notre cœur est une ruine noire et branlante. Il perdit sa foi, il écrivait à Berthe : « Je m'ennuie de toi. C'est la première fois que nous nous séparons et il me semble que nous sommes séparés pour toujours. » Il ne lui venait pas au cœur des poèmes parce qu'il n'en savait pas, mais il lui revenait, une à une, toutes les chansons d'amour qu'il avait entendues. Les plus belles et les plus pures étaient les meilleures. Il eut, plus que jamais, le sentiment de la Beauté. Par-dessus tout, la chanson de Lakmé vient en nous et se pose sur la blessure où nous avions mal. Elle lui sortait des lèvres comme un cri, comme une haleine et comme une bonne odeur.

> Oui, je veux retrouver ton sourire
> Et dans tes yeux je veux revoir le ciel.

Mais il vint un jour où Maurice fut encore plus las d'attendre. Depuis quinze jours que Berthe était à l'hôpital, la misère lui semblait déjà longue. Les premiers jours de misère ont des amis et des ressources, mais bientôt si vos souliers s'usent et vos vêtements s'effrangent, la misère du pain sec devient la misère des guenilles pour laquelle les amis n'ont pas assez de ressources. Autrefois on croyait à la possibilité des aventures. Voler est bien, lorsqu'il s'agit de son plaisir, mais celui qui vole à cause de son besoin met dans ses aventures trop de fièvre pour les accomplir avec assurance. Puis on se fatigue du pain sec. Il avait au ventre tout un souvenir de cela, tout un poids ridicule de fromage de Brie, une oppression de mauvaise nourriture et de faim. La révolte gronde au corps, l'odeur du fromage donne des nausées, l'homme fort regarde autour de lui avec des yeux perçants.

Alors il revit ses amis. Il ne les revit pas comme autrefois où, dans les après-midi, gaiement, son âme était libre à leurs côtés. Ils allaient aux arrière-boutiques s'asseoir et, les coudes sur la table, les poings au menton, causaient bas en buvant du vin rouge. Il avait une mélancolie délicate qui l'empêchait d'accomplir les actions quotidiennes et alors il fallait un grand feu de combat, une grande aventure pour l'agiter et le vaincre, il fallait qu'en un jour il retrouvât toute son énergie de Bubu et qu'en une seule fois il accomplît toutes les actions quotidiennes. Il fallait un grand vol qui lui mît aux poches assez d'or pour attendre, comme un rentier d'amour, comme un poète de mélancolie ne pensant plus qu'à sa belle le beau matin du retour et des nouvelles épousailles.

Ce fut une histoire simple et décevante. Elle se passa dans un bureau de tabac, à trois heures du matin, au milieu des avenues désertes, pendant que le silence encourage les hommes et semble bon comme un dernier conseil. Ils y allèrent, la gorge sèche et du sang dans les poings. Allez-vous enfin, tous les trois, mes frères, arrêter vos cœurs et voir ce qu'on voit dans les vols alors que l'on tremble, que l'on cherche et que l'on trouve. Tout marcha bien jusqu'à la caisse : la porte et les tiroirs n'étaient pas durs. Ils n'eurent pas de chance, ni les uns ni les autres : Maurice s'en était toujours douté. La caisse contenait seize francs, la caisse ne contenait que seize francs! Alors ils saisirent tout : les timbres, le papier timbré, les cigares, les cigarettes et le tabac. Ils en remplirent leurs poches, puis leur chemise, puis ils firent des paquets avec leur mouchoir. Comme ils sortaient, l'avenue encore était vide, et ils se séparaient tous les trois avec les cieux sur leur crâne et des poids dans les pensées.

Au bout de deux jours, ils n'avaient pas vendu beaucoup de timbres et ils ne pouvaient pas vendre leur tabac. L'écoulement des produits volés est incertain comme le vol même et les jours sont terribles quand les nerfs dansent,

de l'homme en tête à tête avec son trésor. Maurice marchait, des timbres plein ses poches et des paquets de cigarettes sur sa poitrine. Il avait peut-être des amis. Le matin du troisième jour, comme il passait quai de l'Horloge, d'un coin sortirent deux hommes. Il les avait déjà rencontrés la veille et remarqua leurs grosses épaules et leur gueule. Un coup d'œil en arrière, et les deux hommes suivaient sa route. Il entendait leurs souliers comme des bottes, les sentait lourds comme des poings et avec une épaisseur de police qui sait tout. Il essayait de marcher plus vite et plus légèrement. Puis le sang vous rentre au corps, la chose était prévue, deux poings formidables vous saisissent, deux épaules vous poussent et c'est une brutalité sans nom, deux voix auxquelles on ne réplique point :

— Allez, ouste !

Il avait des timbres plein ses poches et des paquets de cigarettes sur sa poitrine.

Berthe apprit cela par sa sœur Blanche, un jeudi soir, au parloir de l'hôpital Broca. Blanche le tenait de Charlot, qui le tenait du Grand Jules et l'on savait encore, malgré les murs de la prison, que Maurice venait d'avoir un chancre syphilitique. Blanche parlait d'une voix affairée, porteuse d'une grande nouvelle, avec des mines et des gestes et une sorte de gloire comme un journal lançant une information. Il y eut ensuite un silence plein, dans l'air noir de l'hôpital, entre les quatre murs du parloir, pendant que les malades vivaient à son côté et que Berthe se sentait seule. Il y eut un air obscur qui tombait sur les têtes et voilait les yeux. L'hôpital était davantage l'hôpital, la vie semblait davantage la vie pour laquelle on combat et qui vous blesse. Berthe comprit que la vie jusqu'ici lui avait paru trop facile.

Mais Blanche se mit à dire :

— Et puis quoi! Y a assez longtemps qu'il te donnait des coups.

Pendant les jours suivants, Berthe recomposa sa vie. Les habitudes de Maurice étaient entrées en son corps et, mêlées à son sang, formaient sa chair et ses idées. Elle était Berthe d'abord, mais elle était aussi celle qu'un homme pendant quatre ans arrosa, comme la terre d'Egypte aux bords du Nil débordant. Elle eut bien peur. A dix-sept ans, il la prit par la main et la conduisit au monde. Puis il lui dit : C'est par ici qu'il faut aller. Et il la surveillait quand elle marchait dans sa voie. Les jours d'hôpital étaient encore les jours de Maurice, à cause des jeudis et des dimanches où il venait au parloir. Et puis, elle savait à chaque instant qu'elle pouvait le revoir. Maintenant tout tournait autour d'elle : Paris, l'hôpital, le présent, l'avenir et des sentiments confus :

Un seul être vous manque
Et tout est dépeuplé.

Pendant les jours suivants, Berthe s'essayait à recomposer sa vie. Elle la recomposait avec sa sœur Blanche, avec une petite amie qui s'appelait Adèle, puis avec quelqu'un, avec n'importe qui, parce qu'une femme ne doit pas être seule. Elle cherchait des hommes parmi ses souvenirs. Elle se rappelait Pierre, celui qu'elle avait accusé dans son malheur et qui lui avait écrit en jurant qu'il n'était pas le coupable. Il l'avait juré, comme elle aimait que l'on jurât, — sur la tête de sa mère, — parce qu'alors c'est la vérité. Elle pensait à d'autres hommes aussi et les agitait dans sa tête pour faire du bruit et pour se donner des espérances. Mais rien ne pouvait effacer le souvenir de Maurice, et, quand un dieu eût été couché en travers de sa porte, quand d'elle il eût fait sa compagne et l'eût conduite à la grande gloire, quand même il l'eût enrichie et quand même elle l'eût aimé, jamais — jamais — elle n'eût pu oublier celui qui fut le sien et qui fut plus qu'un dieu parce qu'il était l'Homme quand elle était vierge. Sa chair était gravée dans la sienne bien plus profondément que tous les sentiments et que tous les désirs. Elle ne savait pas comment on juge les hommes en prison, mais tous ses maux passés lui avaient donné une grande défiance de l'avenir et lui avaient appris que les cataclysmes s'engendrent l'un l'autre. Elle était malade parce qu'elle n'avait pas de chance et pour cette même cause elle croyait que Maurice resterait loin d'elle pendant des années.

Alors elle se sentait perdue, elle promenait sa pensée tout le long des lendemains pour y découvrir un petit bonheur qu'elle eût saisi à pleines mains, elle s'arrêtait à tous les coins où l'on pouvait s'arrêter, mais rien ne suffisait à son cœur parce qu'elle venait d'un beau pays et qui était son pays.

CHAPITRE VII

OR un soir, Berthe sortit de l'hôpital Broca. Un soir d'été, un soir d'automne?... Les beaux jours n'existent pas. C'était un soir où Berthe n'avait pas un sou dans sa poche. Elle alla trouver Pierre comme on va chercher cent sous. Dans sa chambre, il étudiait avec une volonté de Lorrain qui veut arriver, mais sans enthousiasme, parce que l'étude des jeunes gens solitaires n'est pas bonne. Il avait répondu à sa lettre en oubliant les injures, elle lui avait répondu qu'elle croyait à sa parole.

Elle vint sans qu'il l'attendît. Il y avait quelque chose entre eux et chacun, tout autour de soi-même, sentit qu'il y avait cela. Mais on doit se vaincre et repousser les points d'honneur quand on est pauvre. Il y eut encore ce qui sépare les hommes et les femmes : elle pensait qu'elle n'avait pas un sou, il pensait que cette visite lui coûterait cinq francs.

Il faut vivre d'abord, ensuite on peut avoir des sentiments. Ce ne fut que le lendemain matin, lorsqu'elle eut quitté Pierre, que Berthe alla chercher des nouvelles chez la mère de Maurice qu'elle connaissait un peu.

Elle arriva dans la petite boutique de Plaisance vers dix heures.

L'autre dit :

— Ah! vous voilà, vous!

Elle la fit passer dans l'arrière-boutique et avant d'être assise commençait déjà.

— C'est pour vous que mon fils a fait ça. Je sais tout, que vous lui avez donné vos maladies de pourriture, et puis je sais d'où vous sortez. Les filles comme vous, c'est des malheurs.

Elle continua longtemps, lançait des phrases pleines et appuyait. Dans l'arrière-boutique, les meubles cirés semblaient refléter ses paroles et leur donner force comme un exemple de sagesse qu'on oppose à nos débordements.

Elle parlait, toute propre et bien peignée, avec une indignation d'honnête femme, et, à la fin du compte, puisque son fils n'oubliait pas Berthe, elle espérait que Berthe n'oublierait pas son fils et pourrait, de temps à autre, lui envoyer une pièce de cent sous.

Cependant que Berthe, tête basse, regardait ses mains en rougissant, écoutait la vieille femme avec toutes sortes d'idées confuses, ne savait plus que devenir, pliait sa pauvre âme douce et se sentait coupable. Certains jours elle était si bonne qu'elle n'avait pas conscience du mal qu'on lui faisait.

Elle alla chez sa sœur Blanche.

Pour rien au monde l'on n'eût supposé que Blanche était la sœur de Berthe. C'était une fille de dix-sept ans, rose et blonde, mais si sa peau était jeune et pleine, son vêtement et son allure éloignaient toute idée de jeunesse et l'érigeaient dans la rue au regard des souteneurs comme le type de ce qu'on appelle « une môme dessalée ». Ses cheveux coupés courts au front étaient frisés aux tempes et tire-bouchonnaient, suivant l'usage des filles publiques des faubourgs, suivant la règle éternelle qui donne un uniforme et entretient l'orgueil chez les gens d'un même métier. Elle marchait nu-tête, les mains dans les poches de son tablier, tendant le ventre et traînant les pieds comme on traîne la savate. Depuis le temps de son enfance où elle volait cent sous à sa patronne, un jour était venu où, dans un hôtel meublé, elle laissait choir sa virginité aux mains d'un souteneur et d'autres jours où toutes les dispositions de sa chair et de ses idées la poussaient vers cette carrière que plus tard, librement, elle choisit. Elle y vécut avec assurance, spontanément elle en eut l'allure et le verbe, toute jeune encore elle fut la fille publique comme M. de Musset fut le poète, tout jeune encore. Syphilitique par vocation, sans qu'un regard en arrière vînt lui donner quelque regret, elle eut la tête pleine de poux sans qu'un désir lui vînt de propreté et ses jupes enroulaient autour d'elle une odeur de vice et de crasse qui faisait les hommes accourir. Elle vivait, joyeuse et inconsciente, et puisque l'argent est une fin en ce monde, elle n'avait ni l'idée du bien ni celle de l'honnêteté et se sentait heureuse comme un homme à son but, du moment qu'elle avait les poches pleines d'argent.

Parmi les souteneurs de la rue de la Gaîté, elle choisissait celui de son cœur, — cœur indépendant et pareil à la vie qui se transforme, — l'attirait à elle et, quand elle en était lassée, le rejetait pour en choisir un autre, selon l'évolution de son désir. Elle était sa propre maîtresse, son propre gouvernement, et se protégeait elle-même par le moyen d'un grand couteau qu'elle portait constamment dans sa poche et qu'elle touchait avec assurance comme un voyageur sans crainte auprès de ses armes parce qu'il sait que le courage ne lui fera jamais défaut.

Berthe lui raconta la scène qui venait de se passer. Blanche dit :

— Comment! Tu n'as pas su répondre! Je lui aurais tout dit. Je lui aurais dit : Vieille hypocrite, vous êtes trop contente que je le nourrisse. Vous faites des manières parce que vous savez que je suis trop bête. Il n'a pas une guenille au cul qu'il ait gagnée par lui-même. Qu'il y vienne, vous verrez si je sais faire foutre le camp aux maquereaux !

Berthe répondit :
— Bien sûr, mais moi je ne sais pas me défendre.

Et c'est auprès de sa sœur, à sa sortie de l'hôpital, que Berthe vécut. Auprès de sa sœur, parce que les idées de famille sont plus fortes que toutes les autres idées et parce qu'une sœur sera notre sœur, quoi qu'il arrive... C'est ici que Berthe se fixa, chez Blanche qui était forte et qui la fortifiait un peu. Blanche, comme un exemple, sans se préoccuper du monde, allait sur sa route et Berthe, déroutée, n'avait qu'à suivre ses pas. Elle eut un fond de

CAFE DES M/

tristesse les premiers temps à cause des habitudes anciennes, et pensait en son âme simple : « Je m'ennuie de
Maurice. » Elle le pensait bien fort et regardait les choses
autour d'elle avec quelque inquiétude comme on regarde
un camarade qui a changé son vêtement. Elle vécut auprès
de Blanche qui secourait sa conscience et disait : « C'est
toi qui as raison. » Pourtant il n'y avait lieu pour elle
d'avoir tort ou d'avoir raison, mais nous cherchons partout l'assurance de nous-même qui fait partie du bonheur.

Le soir, entre neuf et dix heures, elles descendaient le
boulevard Sébastopol. Place du Châtelet il s'étendait
devant elles avec ses trottoirs, ses deux lignes de feux,
et semblait un instrument de travail dont elles connais-
saient le maniement et qu'elles utilisaient sans fatigue
parce que leur corps était rompu à son jeu. Tous les coins de
rue leur parlaient comme des souvenirs, à chaque pas leur
but marchait à leur côté, elles étaient à lui sans sourire et
sans s'émouvoir, comme un commerçant qui pratique
son commerce. Blanche avait le métier plus facile et pro-
cédait par interpellations directes. Berthe, un peu tortillée,
montrait des coups d'œil. Une foule, avec des jeunes gens
qui semblent des points d'interrogation, avec des hommes
de quarante ans dont l'apparence est sérieuse et la conversation nette et sonnante comme une pièce de cent sous,
avec des ivrognes qui ne savent plus compter, qui bavent
d'amour et qui s'endorment et qu'on laisse... Des souteneurs à gueule noire passaient en les frôlant, avec des
mots, avec des airs et des battements d'ailes de corbeaux.
Elles les regardaient d'un coup sec comme nous regardons

l'homme qui n'est pas le nôtre et secouaient les épaules comme s'ils eussent été posés là et qu'elles eussent voulu les faire choir. Elles allaient : Blanche, nu-tête, à grands pas solides comme les blanchisseuses à paniers, Berthe à petits pas, ayant des mines comme les ouvrières fleuristes. Les filles publiques passaient : celles qui sont jeunes et brillantes comme un plaisir de dix-sept ans et qui ne savent pas s'emparer des premières chances et des riches caprices, — celles qui ne s'arrêtent pas boulevard Sébastopol et qui s'en vont avec un bruit de dessous empesés pour semer autour d'elles l'envie, — celles qui ont plusieurs années de trottoir, qui le connaissent et en expriment la substance jusqu'à sa fin, — et puis il y avait les vieilles à pas lourds comme des vaches qui font station aux coins des rues et arrêtent courageusement tous les passants parce qu'il s'agit de leur pain quotidien. Les lumières servaient à étudier les visages de la rue, les terrasses de café étaient des lieux d'amorçage où elles semaient un regard après lequel elles se détournaient pour voir si l'on récolte ce que l'on a semé.

Un peu plus tard, Blanche quittait sa sœur et s'en allait vers les Halles et la rue Montmartre. Elle aimait opérer seule parce qu'un travail sérieux a besoin d'une solitude où l'on concentre ses moyens comme un homme qui veut arriver. Il suffisait qu'on la regardât pour qu'elle s'attachât à nos pas ; et, pareille au désir qui est au fond de nos cœurs, elle venait, elle était là, avec ses gestes et ses satisfactions. Elle vendait bon marché pour vendre plus souvent. C'est un quartier de journaux et de bars, et parce qu'il fait sombre les hommes sont plus faciles. Elle se réconfortait plusieurs fois en buvant, pour quinze centimes, des cafés avec petit verre et, à quatre heures du matin, regagnait Montrouge, la bourse pleine et le cœur content.

Berthe, sur le boulevard Sébastopol et les Grands Boulevards, faisait dans les sentiments. Depuis ses bandeaux noirs et son visage blanc jusqu'à ses jambes battant dans ses jupes on ressentait sa marche comme une action jolie dans une vie distinguée, l'on ressentait son cœur comme une chère petite femme de douceur et d'amour. Il y eut bien des oiseaux pris. Les jeunes gens pensaient : C'est un plaisir de toutes les heures, car en plus de cela elle a l'air de savoir goûter à ce qu'on lui peut dire. On lui disait : « Mademoiselle, je vous suis et vous me faites marcher bien vite. » Elle avait parfois des réponses : « Oh! monsieur, je vais vous dire. C'est que je suis petite et quand je marche vite on s'en aperçoit beaucoup moins. » D'autres fois on marchait à son côté, on ne disait rien parce qu'elle était comme cela et qu'on en avait le cœur ému. Elle souriait alors et vous attirait comme la douceur attire. Elle faisait dans les sentiments chez les jeunes gens et chez les hommes parce qu'il y a beaucoup d'amour sur la terre, parce que l'amour coule et nous emmène comme des enfants vers les femmes où l'on voit de l'enfantillage et de la bonté.

Elle avait la syphilis. En ce temps-là elle eut beaucoup de mal dans la bouche et je pense que tous ses baisers avaient la syphilis. Il y eut bien des oiseaux pris. A l'hôpital elle se disait : « Je ne sais pas comment je vais faire, puisque je ne veux pas donner mon mal aux autres. » Elle sortit. Les premiers jours elle pensa : Je lui dirai : « Lave-toi bien. » Puis il fallut manger, puis la pitié n'est pas d'un usage quotidien. Quand elle avait marché long-temps, les pierres devenaient dures et pesaient à sa marche comme un tas de pavés et comme des cœurs de pierre. Elle pensait : « On me l'a bien donnée. »

Ce n'est rien, Seigneur. C'est une femme, sur un trot-toir, qui passe et qui gagne sa vie parce qu'il est bien difficile de faire autrement. Un homme s'arrête et lui parle parce que vous nous avez donné la femme comme un plaisir. Et puis cette femme est Berthe, et puis vous savez le reste. Ce n'est rien. C'est un tigre qui a faim. La faim des tigres ressemble à la faim des agneaux. Vous nous avez donné des nourritures. Je pense que ce tigre est bon puisqu'il aime sa femelle et ses enfants et puis-qu'il aime à vivre. Mais pourquoi faut-il que la faim des tigres ait du sang, quand la faim des agneaux est si douce ?

Il y eut des jeunes gens bien jeunes qui ne connais-saient rien et qui s'en allaient aux femmes avec tout leur cœur et tout leur argent. Il y eut des hommes de vingt-cinq ans qui en avaient besoin, qui les cherchaient et qui riaient, quand ils les avaient trouvées. Il y eut des hommes mariés qui pensaient : « Une petite aventure, un sourire, un caprice pour celle qui passe, parce qu'elle ne ressemble pas à ce que l'on attendait. » Il y eut les hommes de quarante ans qui faisaient de l'hygiène. Il y eut les passants, n'importe qui, celui qui se trouvait à un moment de sa destinée.

Il vint de la Bretagne un homme de cinquante ans pour passer huit jours à Paris à cause de ses affaires. Il rencontra Berthe le soir de son arrivée. Chaque soir il lui payait à dîner, la conduisait au café-concert et même un peu dans les restaurants de nuit. C'est ainsi qu'il connut la vie de Paris, qu'il n'avait pas pu connaître étant jeune parce qu'alors il n'avait pas d'argent. Puis il retourna dans sa Bretagne auprès de sa femme et de ses filles, le cœur brillant et les lèvres humides.

Une autre fois, ce fut un homme de trente-cinq ans qui l'aborda et qui avait mis quelque temps à l'aborder. Ils passèrent la nuit dans un hôtel meublé de la rue Saint-Sauveur et il lui donna quinze francs. Il lui dit : « Avant de te coucher, fais bien tes bandeaux. » Il s'étendit à côté d'elle et l'embrassa sur les yeux : « Comme ceci tu ressembles à une femme que j'ai beaucoup aimée et que j'ai perdue. » Il ne fit rien autre chose, s'accouda sur l'oreiller, elle s'endormit, et toute la nuit il lui passa la main sur les bandeaux. Il y a de beaux cœurs qui sont sauvés.

D'ordinaire, Berthe rentrait parce que les rues n'offrent plus que les quarante sous du hasard et que les sentiments sont lassés, — à deux heures du matin.

Souvent Blanche ramassait près des Halles « son homme » du moment qui ne savait pas toujours où dormir, ou bien qui surveillait les événements de la nuit. Tous trois : lui, Blanche et Berthe couchaient côte à côte, mais Blanche gardait la place du milieu pour lui éviter les contacts qui distraient et parce qu'elle était très jalouse. C'était une nuit collante, avec les soupirs de Blanche, les charges de l'autre et le sommeil bousculé de Berthe. Puis, le matin, le mâle malpropre, les deux femmes et leur odeur s'étiraient, se secouaient et sautaient du lit vers midi. Si Blanche descendait chercher de quoi manger, l'homme resté seul avec Berthe s'emparait de la minute et commençait l'attaque parce que Berthe était jolie et parce qu'on n'a jamais trop de moyens. Elle protestait, se laissait faire, avait peur et rigolait.

Or Berthe était une fille publique. Ce n'est pas un métier que l'on quitte au matin et loin duquel on est ce que l'on devait être, comme un employé loin de son bureau. Connaissez-vous l'odeur du vice qu'une fois on respira? Les coups de poing des souteneurs façonnent les filles et laissent leur marque dans la chair blanche auprès des désirs qu'y mit Dieu. Elles vivent et sont un grand troupeau côte à côte, Blanche, Berthe et d'autres, où l'une est auprès de sa voisine comme un exemple et comme un enseignement. Il y a l'atmosphère des prostituées, qui sent d'abord la liberté de vivre, puis qui descend et qui pue comme mille sexes tout un jour. Et le mal entre sous vos jupes avec des baisers dévorants. Il y a le trottoir, les chambres d'hôtel et les pièces d'argent, tout un commerce où l'on vend son âme pendant que l'on vend sa chair.

Il y a le bonheur que l'on cherche. Le bonheur des filles publiques ressemble aux gueules des rues qui sont fortes et qui mordent la vie avec leurs mâchoires. Il faut un bonheur où les hommes soient dressés et vous prennent avec leurs poings comme une colère sous laquelle on plie. Il y a l'amour que l'on cherche. L'amour des passants entre et s'en va sans laisser un peu de son passage, mais il y a l'autre amour pour le cœur des femmes qui les saisit et les recourbe et qui les fait tomber. Autrefois il y avait Maurice.

C'est ainsi que Berthe cherchait le bonheur dans l'amour. Elle connut d'abord Blondin le Cycliste. Blondin le Cycliste était grand, large, rouge, portait des mains fermes et des pieds solides et marchait dans la rue avec un poids que ses yeux semblaient appuyer déjà sur nos poitrines. Il se livrait à l'on ne sait quel commerce de bicyclettes et posséda deux ou trois fois des automobiles qui lui donnaient l'air adroit d'un mécanicien et l'air industrieux d'un commerçant qui est au-dessus du commerce ordinaire. Il emmenait Berthe à la campagne et cela aussi le séparait du commun des hommes. Parfois il avait les poches pleines d'argent, d'autres fois, comme disait Berthe, « il avait besoin qu'on l'aidât ». Son amour rude et appuyé contenait des bombances ou bien ne contenait que les quarante sous de la femme que l'on aime. Et on l'aimait parce qu'il vous faisait craquer dans ses bras et on lui donnait tout parce qu'il ne voulait pas être pris pour un imbécile.

Elle connut l'Aztèque du Grand-Montrouge, une nuit, alors qu'elle rentrait. Il se tenait au coin d'une rue, pâle et mince, avec sa gueule en avant et ses volontés tendues. Lorsqu'il l'aborda, elle sentait bien qu'il n'y avait rien à dire et qu'un homme peut tout lorsqu'il regarde le monde dans les yeux.

Elle connut La Quille, un après-midi, dans un bar, qui boitait et semblait un souteneur à la manque. Cinq et trois font huit, les boiteux sont drôles, ce fut un amour à la rigolade.

Elle en connut bien d'autres : les gars de Montrouge, ceux de Montparnasse et ceux du Latin, l'amour des après-midi où l'on flâne, celui des nuits où l'on rentre ; elle connut même, sur le boulevard Sébastopol, l'amour en coup de vent que l'on fait entre deux clients. Elle fit la bombe à rouler dans les bars, à boire tout ce qu'on voulait, à rire comme on rit dans les bombes parce qu'elles sont un bonheur en voyage. Elle fut une chienne dont les chiens sentaient la cuisse, se pressant l'un l'autre, avec des choses dressées et des gueules folles de chiens chauds. Elle les connut tous et marchait dans les rues comme une chair faible qui plie, sans un ressort, sans un nerf que l'on tend, sans un bien dont elle fût maîtresse. Elle jetait en l'air son porte-monnaie d'où les pièces d'argent s'écoulaient, entraînées au torrent d'un vice sans frein.

Elle connut Kiki. Kiki avait seize ans, une voix pointue et papillotait comme les gosses tout autour de vos jambes. Il était un peu marchand des quatre-saisons et connaissait sa rue comme on la connaît quand on vend, que l'on triche sur le poids et que l'on tient tête aux volés. Les hommes ne le prenaient pas au sérieux : c'est pourquoi Kiki se dressait avec ses dents et ses griffes, aboyait dans les rues, sautait sur les choses, et plus qu'un autre

VINS

avait besoin de se mettre en valeur. Une fois, il rencontra une bonne avec un enfant. L'enfant avait un fouet :

— Donne-moi ton fouet que je le fasse claquer.

Kiki s'en amusa bien cinq minutes, puis la bonne voulut partir et emporter le fouet.

— Y a rien de fait, dit Kiki.

Comme elle s'avançait pour le lui reprendre, Kiki se recula et le faisait claquer devant la figure de la fille en disant :

— On n'approche pas.

Le gosse pleura. Kiki partit en faisant claquer son fouet et, de temps à autre, il se retournait pour se payer leur tête. Quand il ne les vit plus, le fouet l'embarrassait, et il le jeta derrière une palissade.

C'était un gamin, pour des gamines, un de ces moucherons dont les histoires vous amusent. Berthe, en blaguant, se laissa faire, et c'était mal, parce qu'une femme qui se respecte doit choisir un homme qui soit bon à quelque chose.

Berthe rencontrait parfois le Grand Jules qui, dans les premiers temps, l'arrêtait toujours et lui causait comme à la femme d'un ami. Il l'appelait « Madame ». Mais quand il connut sa conduite, il ne lui parla plus et, tête droite, la regardait passer, comme un soldat en armes regarde ceux qui violent la discipline et la loi.

CHAPITRE VIII

Il y avait d'autres jours pour Berthe, et c'étaient les jours où elle allait trouver Pierre Hardy. Il disait :

— Tu m'as fait beaucoup de mal. Un jour, je t'ai rencontrée ; nous avions vingt ans l'un et l'autre et je souffrais parce que j'étais un homme. Vingt ans, c'est de l'amour, mais l'amour, c'est de l'argent. Je prenais un peu d'amour sur mes économies. Tout de suite, j'ai eu cette maladie. Ma pauvre enfant, ce n'est ni ta faute ni la mienne. Nous vivons dans un monde où les pauvres doivent souffrir. Je n'étais ni assez riche ni assez beau pour choisir ma femme parmi celles que je connais. Tu sais bien que je t'ai prise au hasard. Toi, je pense que tu as eu beaucoup de malheurs, puisque tu tends les bras à tous ceux qui passent. Je me console un peu en pensant qu'un jour c'est moi qui fus ton pain quotidien. Je ne suis pas un savant, je t'ai bien détestée d'abord. Mais un ami m'a dit les paroles que je te répète, j'ai su que le monde était mauvais et que nous étions à plaindre. Tu m'as fait beaucoup de mal. Aujourd'hui, ce mal que tu m'as fait, c'est lui qui doit nous unir. Tu es pour moi la seule femme possible, puisque mon toucher donne la peste.

Berthe répondait :

— Que veux-tu ! C'est notre métier.

Ils dînaient ensemble dans un restaurant à vingt-cinq sous. Salon au premier. Les tables, recouvertes d'une nappe blanche, contiennent six places et semblent avec leurs verres, leurs carafes, leurs huiliers, des tables bien dressées où l'on mange les grands mets des riches : émincé de chevreuil, pommes paille, hachis d'agneau, œufs miroirs, îles flottantes au chocolat. On y voit des messieurs en chapeau haut de forme qui s'avancent avec orgueil et politesse, mangent sans dire un mot, se tiennent à l'écart et sentent profondément qu'ils sont employés à l'Hôtel de Ville. Puis on y mange toutes les sauces que la vanité inventa pour faire du mal aux pauvres. On commande ses mets sur un ton de commandement et l'on parle à voix basse parce que les gens bien élevés ne font pas de bruit. Berthe était impressionnée par le luxe et disait : «On n'est pas mal ici», elle qui avait connu les charcuteries bon marché des faubourgs.

Mais après le repas, dans un café voisin, ils allaient prendre une tasse de café. L'heure était bien meilleure : ils choisissaient un coin et, les coudes sur la table, loin des gens qui font du bruit et de ceux qui font des manières, c'est là qu'ils ont beaucoup causé. Berthe la rouleuse, qui roulait parmi les vices, s'asseyait dans un coin, les coudes sur la table, et il lui montait du fond de sa conscience une petite flamme triste et tranquille. Pierre la regardait et, sentant une femme à son côté, il croyait voir un peu d'amour, une petite flamme toute droite qui brûle et semble fragile. Tout de suite leurs paroles eurent une grande franchise. C'est qu'elle avait besoin de cela, parce que dans nos âmes il y a le bon coin qui, du temps où nous ne faisions pas le mal, était plein de sentiments simples et qui reste toujours à sa place et où des voix parfois descendent et viennent crier comme des enfants abandonnés. Elle avait besoin de cela comme nous avons besoin d'une mère, puis d'un époux, nous qui sommes des femmes sans appui, avec des cœurs incertains et qui cherchons la certitude sur les routes. Elle avait besoin de dire : « C'est comme ceci que je suis, regarde et dis-moi comment tu me trouves. » Jamais il n'y eut d'amour entre eux, mais il y eut quelque chose qui le dépasse : de la confiance et de la bonté.

Elle lui parla de Maurice et lui dit tout. Elle avait un amant qui s'appelait Maurice, qui était mauvais et qui la giflait à pleines mains.

— Je ne sais pas si je l'aime : il m'a tellement battue que je ne me le suis jamais demandé.

Il était fou. Un soir il la battait et il sentit qu'il allait la tuer. Il eut le temps de prendre un oreiller, le lui jeta sur la tête et là-dessus il donna du poing jusqu'à ce qu'il fût épuisé. Elle en eut le visage tout bleu. Mais, à présent, il était en prison.

Et Pierre le voyait. Il vit ces choses à vingt ans et baissait la tête comme Adam lorsqu'il vit qu'il y avait du mal au monde. Seigneur, il y a beaucoup de mal au monde. Il y a des femmes qui sont sous vos yeux et qui sont vos enfants. Vous les avez créées, vous les avez mises à nos côtés pour notre faim comme un joli gâteau. Elles nous semblaient si délicates que nous n'osions pas y mettre la main, Seigneur, Seigneur! Il y a pourtant des femmes sous vos yeux qui portent des croix de fer, Seigneur, Berthe : un homme s'est planté sur ses épaules. Il la tient avec ses griffes et les lui enfonce dans la peau pour qu'elle ne puisse pas s'échapper. Il la force à marcher. De tout son poids, il la courbe vers la terre pour qu'elle soit lasse comme une bête rendue, pour qu'elle ne puisse ni vous voir ni vous entendre.

Pierre regardait Berthe. Il ne disait rien. Il lui prit la main et la tenait entre ses doigts pour y faire passer de la pitié, tout simplement, — comme ceci, — pour lui faire un peu de bien. Puis ils partirent. Il l'emmena chez lui, et dans la rue il lui gardait la main pour que personne ne vint la toucher. Il se penchait vers elle, il y joignait deux mots pour qu'elle sentît bien que c'était comme cela :

— Ma chère petite amie, ma chère petite amie !

Parfois Louis Buisson venait les rejoindre au café. Il s'asseyait de l'autre côté de Berthe et, tous trois, les coudes sur la table, buvant leur café, ils semblaient trois jeunes gens unis et qui causent. L'un était un pauvre enfant, de ceux qui ne savent pas comment vous faire du bien, mais qui vous mettent un peu de clarté parce que vous sentez qu'ils en ont un grand désir. L'autre connaissait beaucoup mieux votre mal et, lorsqu'il le touchait du doigt, vous sentiez un doigt électrique et doux qui vous touchait pour la bonne cause et qui vous sondait parce qu'il faut sonder les plaies avant de les guérir.

C'est en ce temps-là que Louis racontait à Pierre :

— Je lis les Évangiles. Une nuit, Jésus au Jardin des Olives monta avec les siens. C'était une nuit comme celles de Paris où nous savons que le plaisir est mauvais parce que les hommes n'y mettent pas d'amour. Il dominait Jérusalem où les filles publiques et la débauche se heurtaient comme de mauvaises armes qui vous tuent pour vous faire oublier. Il se rappelait que le monde est plein d'argent, que les princes des prêtres et les soldats y jettent de la haine et des coups. Il montait au Jardin des Olives pour dire à ses apôtres : « Je suis l'Amour. Recueillons-nous là-haut et veillons, à la veille de ma mort. Nous prierons Celui qui m'a conduit sur votre voie pour qu'il m'y garde encore. Et demain, quand je serai mort sur l'arbre, vous vous en irez par le monde et vous direz : L'Amour est né, nous venons vous l'apprendre. » Il se tint à l'écart et il pria longtemps. Puis il voulut encore leur parler. Alors il se détourna et il les vit tous endormis. Pierre et Jean et Jude et Thomas et les autres, les coudes sous la tête, dormaient comme s'ils n'avaient eu qu'à dormir. Alors Jésus sentit que la nuit terrestre l'avait couvert : « Il y a des années que je répands mon âme sur le monde pour l'animer. Pardonnez-moi, mon Père, mais je vois que tout a manqué. Ceux-là dorment aujourd'hui, au dernier jour que vous m'avez donné. Si les meilleurs succombent, si les bons sont trop faibles pour la Bonne Parole, pourquoi m'avez-vous envoyé? Il n'y a pas assez de chaleur humaine. J'ai prêché l'amour brûlant et mon pauvre amour va mourir. »

Et je pensais à Berthe, mon Pierre, à cause de Jésus au

Jardin des Olives. Le Christ, en son dernier jour, a pu pleurer mais la Bonne Parole n'est pas morte. Les dormeurs l'avaient gardée, car l'Esprit est fort si la Chair est faible. Ils ont sauvé plusieurs âmes : saint François d'Assise et saint Vincent de Paul. Et nous, mon ami, une fille publique nous a trouvés. Nous lui apprendrons que sa vie n'est pas bonne et nous mettrons un peu plus de bonté dans la nôtre pour qu'elle la comprenne et pour qu'elle l'aime. Je ne sais pas si nous pourrons la sauver, mais je sais qu'il n'y a pas de limites à la Bonne Parole. Si nous échouons, mon frère, consolons-nous en pensant que nous aurons mis un peu de lumière en son âme et que nous ignorons si nous ne sommes pas au commencement de son salut.

Et plus tard, lorsqu'il vint s'asseoir auprès de Berthe, il lui demanda :

— Voyons, ma petite, pourquoi faites-vous encore ce métier ?

Elle avait un sourire niais comme les enfants qui savent bien, mais qui n'osent pas répondre. Elle le promena quelque temps par sa face en baissant les yeux, puis elle ne dit rien. Autre part elle eût dit : « Oh ! là là, ne fais donc pas du chichi ! » Elle eût dit cela parce que ceux qui s'intéressent à la misère en profitent d'abord et ensuite ne pensent plus à la soulager.

Mais Pierre la regardait avec un air : Voyons, ma petite amie, tu sais bien que c'est moi avec tout ce que je possède. Et tout ce qu'il possédait rayonnait autour de sa face comme un foyer où l'on voit de belles lumières et

PONTARLIB

où l'on sent de la chaleur qui va venir. Alors elle dit :

— Vous croyez que l'on fait ce que l'on veut.

Ils la questionnèrent : Et combien gagnait-elle autrefois dans la fleur? Elle répondit que l'on pouvait bien vivre puisqu'on gagnait vingt-cinq francs par semaine. On prend une petite chambre de cinq francs et puis le soir on fait la cuisine chez soi. Une femme, ce n'est plus comme un homme, car on arrange soi-même ses affaires.

— Mais voyons, ma petite, pourquoi faites-vous encore ce métier?

Voilà. Quand Maurice aurait un peu d'argent, elle s'établirait entrepreneuse fleuriste. Elle aurait deux ouvrières qu'elle payerait vingt ou vingt-cinq sous par jour et qui lui gagneraient trois fois autant. Elle partit ensuite dans toutes ses histoires : Elle avait rencontré un monsieur qui devait l'emmener en Russie. Elle connaissait un jeune homme qui lui donnait des leçons de danse, après quoi elle entrerait au Moulin-Rouge où l'on est payée pour danser dans les quadrilles. Elle allait chanter dans un café-concert où elle serait décolletée comme ceci, avec un corsage de soie bleue. Maurice voulait acheter un phonographe et faire, tous deux, les fêtes des environs de Paris. Elle aurait bien aimé être serveuse dans un bureau de tabac : « Les demi-londrès, voilà, monsieur! » et l'on sourit en disant ces mots.

Elle partit dans toutes ses histoires de pauvre petite putain trotteuse. Leur imagination fait bien des pas, et c'est bon de marcher comme cela et de réussir dans toutes ses entreprises. Les hommes se disent : On tourne

B.N.

13

la manivelle et ensuite on les regarde causer. Quand on connaît le monde, véritablement on se repose de son tracas en écoutant les enfants.

Mais Louis Buisson dit :

— Ma petite, quand vous ne serez pas heureuse, il faudra venir nous voir. Vous nous raconterez vos histoires et je sais que cela vous fera plaisir.

Puis, comme il voulait travailler, il les quitta. Alors Pierre disait :

— Tu viendras. Les jours où tu seras triste, tu viendras. Tu diras : Oh ! que je m'ennuie, que je m'ennuie ! Je te regarderai dans les yeux pour te répondre : Moi, il y a des jours où mon cœur en claque. Tu dois savoir combien l'homme et la femme sont heureux de souffrir ensemble. Je suis tout seul et, quand un ami vient me voir, il me semble que jamais plus je ne serai tout seul. Le soir, on me trouve avant de dîner et l'on dîne avec moi. Après cela l'on me trouve encore. Tu deviendras mon petit cœur, et c'est toi qui me manquais. Ne crains rien. Les femmes s'imaginent toujours que l'on veut abuser d'elles.

C'est ainsi qu'il causait et tout au fond de lui-même il pensait : « Il est si bon d'avoir une femme à son côté ! »

Elle vint bien des fois. Les premiers temps, elle n'osait pas et frappait à la porte avec des gestes retenus, un petit grattement de pattes de fourmi.

— Je suis venue te voir. J'avais une course à faire par ici. Alors je me suis dit : Tiens, allons voir Pierre.

Ce fut d'abord avant dîner et parce que la faim fait sortir le loup des bois.

Au restaurant elle avait des excuses : « Je te demande pardon, je me sers du sel avant toi. » Il y a beaucoup de timidité dans nos cœurs et, si l'on est une fille publique avec un cœur en danse, on est quand même une femme parmi les hommes avec des douceurs et des hésitations.

Un peu plus tard, elle disait :

— Je suis venue te voir et je sais que ça ne t'ennuiera pas.

Elle vint bien des fois. Elle vint les jours où elle était triste, ayant un reste de noce dans ses jupes et les brutalités des marlous. Elle vint les jours où elle était malade, remuant ses souffrances dans sa tête comme un désespoir constant. Elle ne vint jamais lorsqu'elle était gaie parce qu'alors il y a les rues où l'on est folle, les souteneurs où la joie est plus épaisse et l'argent des putains que l'on jette sur tous les comptoirs. Elle vint surtout les soirs de paye avec son métier et son besoin de gagner son pain.

— Et comment vas-tu?

— Regarde!

Elle lui montrait sa langue et son palais qui étaient pleins de mal, qui, tout le long des soirs, donnaient leurs baisers aux passants et glissaient leur bave dans les bouches comme un plaisir... Elle eut mal à la gorge et sa voix raclait en passant quelque chose qui était plaqué là. Elle eut aussi des douleurs dans les os de son corps, qui semblaient venir du fond d'elle-même comme d'un réservoir de douleur. Du reste, elle ne voulait pas prendre des pilules de mercure parce qu'elle avait entendu dire que le mercure fait sortir le mal.

Elle vint certains soirs, n'ayant pas mangé depuis la veille. Cela ne paraissait pas, et le malheur a la figure de tout le monde. Elle se raidissait d'abord, par une sorte de fierté ; au restaurant elle ne mangeait pas davantage : « Il ne faut pas tout de même que je lui fasse faire de la dépense », mais, après le repas, la tête et le corps gonflés, elle ne pouvait pas se retenir : « Tu sais, ce n'est pas ce que j'ai mangé à midi qui a pu me faire mal au ventre. »

Pierre disait :

— Ma chère amie, tu me fais mal. Tu sais bien que je suis au monde, à tes côtés. Viens donc, viens donc. Véritablement, il est bon de faire du bien aux pauvres femmes. On appelle cela : soulager l'humanité souffrante. Quand tu n'as pas de quoi manger, pense à moi. Tu ne me diras rien, tu viendras et je saurai comprendre.

Elle répondit doucement.

— Ça ne fait rien. Je me suis levée ce soir à trois heures et, comme ceci, la faim ne m'a pas paru du tout.

Un soir, on était en décembre. Un décembre mauvais qui marchait dans les rues avec la glace et le vent, comme un maître, par-dessus nos sentiments d'hommes, allait aux moelles et restait là, plus fort que tous les bonheurs et que tous les chagrins.

Un décembre de Paris où les filles publiques rentrent leurs épaules dans leur corps, diminuent leur surface et flottent au vent avec les flammes des réverbères.

Pierre travaillait dans sa chambre. Le poêle faisait ron-ron comme un bon vieux chat fidèle et qui semble dire :

« Reste là, mon maître, puisque j'y suis. »

Pierre pensait :

« C'est une maladie honteuse et qui rayonne comme le mal rayonne. »

Il pensait encore :

« C'est le jour de l'an qui s'avance. Les jours de l'an sont bien changés. Je demanderai huit jours au chef de bureau pour aller dans mon pays. Maman dira : « Voilà mon Parisien! » Les vieilles femmes diront : « A présent nous n'osons plus te tutoyer. » Il y aura mes deux sœurs et ma petite nièce. Tous les soirs je serai là, dans cette bonne chaleur des provinces qui entre dans nos cœurs et couve nos idées comme des petits poussins. C'est la première année que j'ai la syphilis. J'embrasserai tout le monde et je boirai dans des verres. Elles diront à Juliette : « Allons, gourmande, bois-en un peu dans le verre de ton oncle. » Je les embrasserai tout près des cheveux où les lèvres appuient moins. Mais ensuite je ne saurai pas quoi dire pour mon verre. Maman dirait : « Il a bien fallu qu'il aille à Paris pour attraper ses maladies de pourriture. » Mon père dirait : « C'est une jolie compagnie pour ses sœurs. » Et tous ceux qui n'ont pas des places à Paris seraient bien contents.

Il pensait aussi.

« Il faut que je sois reçu à mon examen de conducteur des ponts et chaussées. On s'imaginerait tout de suite que je n'aime plus le travail. Et je travaille en mangeant du mercure et j'ignore, quand viendra le temps des accidents tertiaires, si la vie me sera permise. »

Au milieu de tout cela quelqu'un frappa à la porte.

Pierre se levait et oubliait déjà ses chagrins parce que c'était Berthe et parce qu'une femme est toujours ce qu'il nous faut.

C'était Berthe.

Comme elle entra, l'hiver entrait dans ses jupes qui sentaient froid.

Elle dit :

— C'est moi. Il fait bon chez toi.

Puis :

— Oh! écoute donc, tu ne sais pas : ma sœur Blanche qui est à Saint-Lazare!

Il y avait un manège de vélocipèdes.

Blanche, avec ses manies de faire toujours à sa tête, chahutait là-dessus en montrant ses mollets et tout.

On lui avait dit :

« Ne fais donc pas ça; tu verras qu'un jour ou l'autre tu te feras ramasser. » Ça y était : qu'est-ce que j'avais dit!

Au Dépôt, il y a la visite, elle n'avait pas passé saine et on l'avait envoyée se soigner à Saint-Lazare. Berthe ajoutait :

— Et, à présent, il faut que ce soit moi qui paye la chambre.

Elle s'assit et ne dit plus rien.

Elle s'approcha bien près du poêle, si près qu'on eût cru à de l'insensibilité ou à de la folie, et, les deux mains croisées sur le genou, se tenait, bas la tête.

Sous ses bandeaux, elle semblait une pauvre petite

femme en farine, quelque pauvre petite forme lassée qui se perd et qui penche.

Elle soufflait encore :

— Et puis non, non. Il y a trop longtemps que ça dure.

Cela faisait beaucoup de mal, de la voir ainsi.

On n'en comprenait pas toutes les causes parce que les causes débordent et suspendent sur nos têtes leurs cent mille poings de fer où les poids se mêlent et pèsent ensemble avec les jours, avec les chagrins, avec les coups reçus, avec le mal que l'on a fait, avec la vadrouille des nuits. Il vient un soir où c'est fini, où tant de gueules nous ont mordues qu'il ne reste plus de force pour nous garder debout et que notre viande pend dans notre corps comme si toutes les gueules l'avaient mâchée. Il vient un soir où l'homme pleure, où la femme est vidée.

Elle était venue se jeter enfin chez ce garçon par un instinct qu'elle allait crever et qu'il fallait qu'elle crevât au meilleur endroit.

Et c'est ici que, couchée sur sa chaise, elle était une bête abattue qui sent un dernier souffle dans ses flancs, qui s'en vide à jamais et regarde encore la tanière avant d'y laisser ses débris.

Elle dit alors :

— Laisse-moi coucher ici. Je ne puis pas sortir. Je te le demande parce que c'est bien de l'ennui que je vais te causer.

Une fille publique dit cela, dont les nuits sont précieuses comme un métier, qui les estime à dix francs, et pour qui les nuits perdues sont des jours sans pain. Elle demande une grâce, elle qui sait le prix des grâces que l'on accorde, qui sait aussi qu'un corps humain se paye et que l'on reçoit de l'argent de ceux que l'on soulage.

Il se coucha à son côté. Il la mit dans ses bras où elle était froide, de la tête aux pieds, comme une tempête de glace, comme un champ de cailloux où les récoltes sont brisées. Il la mit sur son cœur et la tenait chaude bien longtemps avec des dévotions brûlantes, une petite plainte de pitié qui sortait comme une flamme.

Il ne disait rien, il ne pensait pas à la femme, il s'entourait lui-même de cette douleur et il avait bien envie de crier :

— Pauvre petite sainte ! pauvre petite sainte !

CHAPITRE IX

Puis décembre et le Premier Janvier, tout passa ; mais depuis le départ de Blanche le temps passait avec fatigue comme si, lui ausi, il eût manqué d'entraînement.

Un soir, à quatre heures, Berthe passait sur le boulevard Sébastopol devant l'église Saint-Leu. C'est une église en pierre anguleuse et grise comme autour des Halles où les maisons rappellent la marée vendue et la forte gueule des marchandes. Ces jours derniers, il y avait en Berthe une espèce de souffle, un jeu d'organes, du diaphragme au cœur, dont elle ne devinait pas encore l'intention. Il lui venait parfois de drôles d'idées qui commençaient et n'achevaient pas, mais qui lui laissaient quand même une douceur et un goût. Comme elle passa devant l'église Saint-Leu, le souffle souffla et la prit tout entière. Elle sourit en le suivant et se dit : « Allons-y ! »

Elle fit deux fois le tour de l'église et elle était étonnée. Ensuite elle s'assit sur une chaise et, pendant un instant, ne sut pas quoi dire :

« Mon Dieu, je ne suis qu'une vadrouille. Ce soir, j'ai voulu entrer à l'église Saint-Leu sans savoir pourquoi. Puisque je suis dans votre église, mon Dieu, je pense à vous. Vous ne nous regardez guère parce que nous faisons tout ce que vous avez défendu. Maurice disait : Il n'y en a pas, mais moi je vous dis : Il y a un Bon Dieu. Il me semble que j'ai quitté le boulevard Sébastopol depuis longtemps. Parce que j'étais malade le jour de ma première communion, j'ai fait ma première communion quinze jours plus tard. Nous étions deux petites en blanc, de la même école : la sœur prit un fiacre et nous conduisit, pour faire notre première communion, à Notre-Dame. Nous étions bien heureuses d'aller en fiacre. Et puis c'était moi que ma mère aimait le mieux. Elle me disait : « Viens, Berthe, que je te fasse des frisettes et que j'arrange bien tes cheveux. » Je suis allée au catéchisme de persévérance et j'aime encore beaucoup le mois de Marie. Ma mère était bien bonne, elle n'était pas comme les autres femmes et elle était Italienne. Le jour où elle est morte, j'étais à l'hôpital. Mes deux sœurs sont venues me voir : Marthe était toute blanche, mais Blanche se grattait la tête et n'avait pas l'air d'y penser. Sur le coup ça ne m'a pas fait tant de peine que j'aurais cru. Mon Dieu, je pense à ma mère. Je serais si heureuse de la revoir, mais je me demande si ce que je vous dis là n'est pas des bêtises. Je vous prierai, mon Dieu, parce que la prière va me faire du bien. Si ceux qui me connaissent savaient que je prie, ils me trouveraient ridicule, et je vous prierai pourtant. Je ne suis qu'une vadrouille, mais je ne suis pas mauvaise encore. Vous me regarderez et vous direz : Tiens, c'est la petite Berthe Méténier qui fait sa prière. »

Elle se mit à genoux et récita : *Notre Père* et *Je vous salue, Marie*, mais elle ne put arriver à se souvenir du : *Je confesse à Dieu.* Un peu après, elle s'assit et dans son coin resta assise, toute seule et bien sage, comme un petit enfant qui veut donner le bon exemple.

Elle sortit et alla tout droit chez Pierre Hardy. Elle lui raconta :

— Tu ne sais pas ce que j'ai fait ce soir? Je passais devant l'église Saint-Leu. Je suis entrée et j'ai prié le bon Dieu pour ma mère.

Il avait un vieux fonds d'éducation catholique :

— A cause de ceci, ma petite Berthe, il te sera pardonné bien des choses.

Ensuite il se rendit compte que ces paroles ne voulaient rien dire.

Après dîner, pendant qu'ils étaient au café, cela la prit :

— Et puis, je suis bête de me faire du mauvais sang.

Alors, s'emparant du carafon d'alcool, elle en versait le contenu dans sa tasse, avec un geste décidé et des battements de tête inattendus. Vraiment, de drôles d'idées la poussaient, tourbillonnant toutes ensemble, et que l'on voyait passer dans ses yeux. Elle se mit à rire : Oui, des fois, ça me prend comme ceci. Elle but l'alcool comme rien, et ce n'était pas assez.

Elle dit : « En avant la musique! » et s'en versa d'autre. La folie venait, une fois le coude levé, de le lever encore, toute une folie du coude et de la tête où boire était une joie et multipliait la joie. Elle en versait là-dessus, d'un geste d'arroseur, qui la mettait en train, qui la faisait pousser et mêlait à sa sève une force inconnue. Elle versait tout cela et l'on eût dit qu'elle le versait sur quelque chose.

Au coin de la rue il y eut un tout petit gosse. Berthe, aux trois quarts en danse, faisait le balancier comme un danseur à la corde. Elle lui passa la jambe par-dessus la tête en disant : Et houp ! Le gosse se mit à rire, Berthe se baissa pour l'embrasser et dit : « Qu'il est gentil ! »

Pendant un instant le monde entier fut gentil. Elle mettait du nerf sur toutes les choses, les parait d'une animation comme la sienne et bien volontiers les eût entraînées dans son tourbillon :

> Mignonne, c'est la garde
> Qui passe en ce moment,
> Pan ran pan pan pan pan,

chantait-elle, et elle s'engouffra dans la porte ouverte d'un café :

— Et puis je m'en fous, et puis je m'en fous. Y a assez longtemps que ça dure. Tout le chichi m'ennuie. On crache en l'air et ça vous tombe sur le nez. Je me fous de tout à présent et ça vaut bien mieux. Il y en a qui me disent : « Vous avez de la chance d'avoir bon caractère, vous riez toujours. » Je me fous d'eux. A présent je veux m'amuser. C'est vrai, j'avais une crise de nerfs ce soir et je me demande à quoi ça m'a servi. C'est pas de se faire du mauvais sang qui vous met de l'argent dans la poche. Eh ! vois donc la tête du vieux ! Quand il boit son bock, il en bave. Et puis il doit avoir des asticots dans la barbe. C'est bon, les vieux. On leur dit : « Donne-moi quarante sous de plus pour que je t'embrasse. » Qu'est-ce que Maurice doit prendre là-bas ? Depuis huit jours qu'il attend de mes nouvelles ! J'en avais assez. C'est drôle comme on voit les défauts du monde à distance. Tu ne vois pas son copain qui me dit, l'autre jour : « C'est pas bien, ce que vous faites. » De quoi va-t-il se mêler, celui-là ?

Mais Pierre, assis et tout droit, ouvrait la bouche et elle se taisait déjà. Il y avait autre chose dans l'air.

— Non, celui qui est ton homme est un homme et toute chair, la chair qui souffre et l'âme qui peine, doit être à nos cœurs plus chère que tous les désirs et que toutes les haines et demeurer là comme un cri jeté et qui hurlera jusqu'à ce que nous lui offrions notre amour. Je sais qu'un homme t'a fait du mal, mais je sais surtout que cet homme est seul. Si ta douleur est grande, fais encore que ta douleur soit belle, penche la tête comme un bon ange sous la Justice de Dieu, puis lève la tête et souris à ton frère Satan. Il a porté la lumière quand tu avais dix-sept ans, il s'est assis au matin pour toi et, te prenant les mains disait : « Sœur de mon âme, comprends-tu mon amour ? » Berthe et Maurice, quand les jours vous enlaçaient, il s'est accompli un miracle de l'Esprit-Saint qui vous lie en ce jour et qui doit marquer à jamais dans ton souvenir l'instant du Bonheur passé. Aujourd'hui, l'homme est chassé. Je te dis : Il faut que tu oublies cet homme parce qu'il versa sur ta tête l'abomination des mâles, mais je m'agenouille à tes pieds et je te prie, s'il a des blessures, d'en étancher le sang. Dis-lui : je pense à toi qui es dans le fond des enfers et je t'envoie mon souffle pour en rafraîchir les flammes. Et puisqu'il y a un jour de résurrection, puisque les supplices ne sont pas éternels, ce jour-là tu lèveras le front et tu répondras : Je fus une sœur de charité qui pansa des blessures. Je suis une femme que tu blessas et qui veut vivre, qui veut guérir et qui ne te connaît plus.

Ce n'est pas ainsi que Pierre parla, ce n'est pas ainsi que Berthe l'entendit, mais ces paroles dominaient l'air alentour de leurs faces et passaient sur eux comme le souffle supérieur de leurs paroles humaines.

Elle demanda de quoi écrire, et comme elle écrivait, c'était encore une folie de fille publique et de femme trompeuse. Elle l'appelait « mon cher petit homme », disait : « Je pleure en t'écrivant ces mots » et riait d'écrire cela. Elle était câline à la façon de Paris où l'on met son sourire aux rencontres des rues et où toute chose se passe avec une ironie française.

Elle se mit encore à boire des verres d'un marc bien raide qu'elle avalait d'un coup sec et qu'elle désignait d'un nom doux : un petit marc. Ils se suivaient à la file indienne comme des enfants qui jouent, elle les prenait et les poussait au fond d'elle-même par une rage d'étouffer tout ce qui pouvait y rester encore. Quand elle fut ivre, son ivresse la parcourait entière, suivait ses nerfs et leur donnait un rire qui la secouait et grinçait comme un ressort serré. Le monde était drôle, les porte-allumettes sur les tables, les becs de gaz, les consommateurs et les banquettes la regardaient avec un air qu'elle ne leur connaissait pas et qui la faisait gesticuler en riant à gros bouillons.

Ils partirent enfin. La rue était noire de dégel, les étoiles criblaient le temps et descendaient comme une grêle, les bruits roulaient tout un tonnerre de Dieu, Berthe dans son ivresse nette et saccadée disait :

— Je ne sais quoi me travaille et jamais je n'ai été triste comme ce soir.

Il l'emmenait chez lui et dès qu'ils entrèrent, la crise se résolut. La patronne de l'hôtel les attendait :

— Mademoiselle, votre frère est passé ici pour vous voir. Voici un mot qu'il a laissé.

Elle lut ce mot et comprit tous ses pressentiments : Son père venait de mourir.

Jean Méténier mourut à l'hôpital, à l'âge de quarante-neuf ans. Il se coucha un soir, lourd comme une pierre, et pendant quatre jours se tordit à cause de ses coliques de plomb. Puis il crispa ses poings, s'étendit sur le dos et sentit peser ses sept enfants dans son crâne : Marthe avec deux gosses, Berthe avec Bubu, Blanche et Saint-Lazare avec toute la gueuserie, Gustave collé à la Grande Marie qui suivait souvent la feignantise, les trois petits gosses qui mangeaient tant de pain et qui restaient là avec leurs becs ouverts de moineaux, — et mourut les dents serrées et la gueule en avant.

*
* *

C'est pendant ces jours-là que Berthe fut si malheureuse. Nous espérions les revoir et leur dire : « Je m'étais trompée, mais je vous aimais bien quand même. Je reviens,

et maintenant, la famille sera complète. » Il était mort et
Berthe se rappelait surtout un fait que lui avait raconté
Gustave. Un jour, leur père surprit Blanche dans la rue
de la Gaîté, au bras d'un souteneur. Il rentra chez lui,
s'accouda sur la table et dit : « J'avais trois filles, il a bien
fallu que ce soient trois garces. » Et ses grosses larmes
d'homme tombaient dans sa barbe. Il était mort et c'était
quelque chose d'irréparable et d'inattendu. Elle avait
perdu beaucoup de ses sentiments filiaux, mais, quand elle
eut vu cette face grave et juste des morts, elle en fut cin-
glée comme d'un éternel reproche. Elle eut peur ainsi
qu'on a peur la nuit dans les cauchemars mauvais, dans
les remords, quand l'ombre est dense et pèse, après le
crime, comme un châtiment. Elle fut honteuse à cause de
son passé, le revit d'un seul coup avec éblouissement et
pensa : « Je suis la dernière des dernières. »

Et puis elle avait besoin d'un costume de deuil. La
nuit, elle prit un prétexte pour quitter les autres et s'en
alla gagner son costume de deuil. Elle fit comme à l'ordinaire le boulevard Sébastopol. Elle marcha trois heures,
les pieds sur les pierres, dans l'air affreux d'une nuit
de mort et, à la fin, il lui semblait traîner ce cadavre
dans la rue. Elle fit deux hommes. Le premier lui donna
dix francs, et, quand elle fut couchée sur le lit, Berthe,
la fille publique mécanique et passive, goûta le mâle
et sentit du plaisir à l'amour. Le second lui donna cent
sous et marchandait. Jamais elle ne put oublier cet
homme-là. Il avait une barbe rouge, elle avait envie
de le mordre et de lui dire : « Mais sens donc qu'il est

honteux que tu te roules sur moi le jour où j'ai perdu mon père ! »

Cette nuit la sauva. Quand la honte est si forte qu'on ne la peut plus porter, on s'assied, on rougit encore, mais on regarde ailleurs, on s'en va loin de la honte et il le faut. Elle eut à la bouche le goût de cela pendant les jours si longs où notre père est mort, un goût de pierre et de cendre, de boulevard Sébastopol et d'hôpital où l'on crève. Et tout son métier en était plein, tous ses jours de vérole et d'infamie, et les chambres d'hôtel où l'on se couche sur un lit comme une bête sans connaissance et sans pensée. Elle revoyait les objets innommables, les cuvettes et les choses qui traînent et ses reins vidés de fille dans les nuits à clients. Elle se rappelait tout : la marche des boulevards, l'alcool des cafés, les baisers sans goût, mêlait tout cela, le fondait dans un seul bloc, et dans son souvenir toutes ces nuits étaient la nuit où l'on devait enterrer son père.

Il y avait une réunion de famille. La grand'mère, comme une fée Carabosse, la regardait avec ses yeux pointus. Elle disait : « Espèce de fumier ! » Berthe répondait : « Et moi, je ne sais pas ce que tu as fait quand tu étais jeune. » Son frère disait : « D'abord, toi, il faut te taire. » On avait disposé des trois petits gosses : Marthe prenait le second, Gustave les deux autres. On en avait disposé à sa face, sans la consulter, sans la laisser dire, comme si elle n'était pas de la famille. Comme elle se proposait de leur venir en aide parfois, Gustave avait eu un geste : « Aide-toi donc d'abord ! »

Elle séchait parmi tout cela, dans l'angoisse indéfinissable des bannis et dans une sorte de terreur qui la rendait un peu tremblante. Elle sentait qu'elle n'était pas honnête et, parmi tous les siens groupés autour d'un mort, comprenait qu'il est beau d'être honnête. Par un même penchant ses idées allaient aux souteneurs et à l'orgie. La filiation sans trêve des infamies et des chagrins l'amenait jusqu'au point le plus noir, un grand trou perdu dont l'eau amère emplissait sa poitrine. Dans son esprit malhabile la vie formait image, elle voyait devant ses yeux deux épaules débiles et sur lesquelles de grands coups se levaient. Elle avait une plainte sur elle-même et des mots pour enfants : Pauv' petite Berthe !

Alors elle vit se lever de grands sentiments dans le jour comme un soleil levant. Elle fut éclairée, Madeleine, et quand elle se dressa pour essuyer son visage mouillé, il lui sembla que son cœur s'éclairait avec la prime lumière. Elle vit un fond d'amour par delà les choses, une grande bonté qui planait et dont les ailes agitées tout à la douce battaient autour de son front. Elle vit cela sans bien se rendre compte, mais son âme était fraîche comme lorsqu'on a mangé des fruits. Alleluia ! chantaient des anges. Il y avait au monde un parfum comme un mois de Marie. Quand elle pensait à Pierre, elle pensait à ses parents, aux fleurs artificielles et à la bonne certitude de vivre dans des jours égaux et calmes. Comme elle avait envie de s'asseoir et de regarder passer le temps, sans faire un geste, et avec des idées tout entières qui couleraient avec le temps ! Quand même, si quelqu'un m'avait prédit cela la semaine dernière, je ne l'aurais pas cru, parce qu'il y a trop longtemps que le malheur me poursuit. J'aurais dit : Blagueur! Une fois que l'on en est où j'en suis, on sait bien que c'est pour toujours. Et puis, il n'est pas possible de faire autrement. Elle pensait déjà que le dimanche elle irait à la campagne et elle en rapporterait des fleurs. Quand on sort de l'hôpital à peu près guérie, l'on appelle cela être blanchie. Elle était blanchie!

Elle pensait : Bien sûr, je gagnerai moins d'argent, et ce sera difficile parce que l'argent fait le bonheur. Je n'aurai plus des journées de dix francs comme au Sébastopol; mais, quand je m'en souviens, le Sébasto me donne mal au cœur. C'est sans doute parce que je ne suis pas aussi forte que ma sœur Blanche. De plus, je n'en profitais pas. Je ne sais pas ce qu'on a dans la peau quand on fait ce métier. On a bien raison de dire que le bien mal acquis ne profite jamais. Il me semble qu'en travaillant dans la fleur il y aurait moyen d'être tranquille. Je serais occupée toute la journée, et de cette manière je n'aurais pas envie de dépenser tant d'argent. Et puis, quand on est sage, on est toujours récompensée. Je trouverai bien quelqu'un qui s'intéressera à mon sort et qui voudra m'aider. Vraiment, je crois que je serai sérieuse. Je ne tiens pas à me mettre en ménage parce que tous les hommes ont leurs travers.

Elle alla consulter les affiches rue Réaumur et trouva tout de suite du travail. Tout se passa comme dans les livres où l'on voit le soleil chauffer les convalescents. L'hiver semblait rejoindre le printemps et le ciel avait des airs bien bleus qui vibraient au soleil, s'étendaient par-dessus les toits et faisaient penser à des adolescents amoureux. Dans la rue, les passants marchaient du côté du soleil. Elle était fraîche et vive et bonne, d'une bonté si grande, qu'on eût cru que tout le beau temps venait de son cœur. Elle travailla dans un atelier sombre où de vieux restes d'hiver croupissaient dans les coins, et la patronne aigre, et toutes les blagueuses avec leur imbé-cillité d'amoureuses au début lui semblaient de mauvaises choses comme elle en avait vues autrefois, à l'âge ingrat. C'est parce qu'elle en avait perdu l'habitude, mais dans huit jours elle serait faite à cela.

*
* *

Le soir, en sortant, elle alla trouver Pierre. Elle lui racontait les grandes nouvelles :

Tu comprends, j'en avais assez... Voilà ce que je vais faire : je prendrai une petite chambre de cinq francs la semaine, pas plus. Je m'installerai dans ce quartier-ci. Tu verras, mon vieux Pierre. Un jour ou l'autre ça finira par un mariage. Tous les soirs, si tu le veux, nous ferons des promenades dans la rue de Rivoli après lesquelles nous rentrerons chacun chez soi. De temps à autre, je t'accompagnerai dans ta chambre, mais pas tous les jours, parce qu'il ne faut pas trop se fatiguer. Mais, d'abord, il faut que tu me donnes l'hospitalité jusqu'à ce que j'aie touché ma première semaine. Tu m'emmèneras au restaurant. D'ailleurs, je ne suis pas de grosse dépense. Nous allons bien nous amuser. Nous pendrons la crémaillère. J'achèterai un poulet que je ferai rôtir quelque part, et avec des légumes nous aurons un bon petit dîner. Je veux me procurer un filtre pour faire du café. Tu verras, mon vieux, je ferai un fricot épatant.

Et Pierre pensait :

« Je n'avais pas de femme. J'ai marché la tête basse, en répétant : Je n'ai pas de femme. Il y a dans le malheur une continuité qui nous fait croire au mal de vivre. C'est fini. Je sens maintenant que tout ce qui me manquait va venir et que le monde est bien en place. Mais l'équilibre ne vient pas du premier coup. Je me demande : Qu'est-ce que j'ai donc fait, quel est donc mon mérite pour qu'un tel bonheur me soit donné? »

CHAPITRE X

Or, Pierre et Berthe dormaient dos à dos, à trois heures
du matin, dans ces nuits où l'amour a passé.

Il la sentait auprès de lui comme la respiration calme
d'une vie tranquille, comme la certitude d'un bonheur
qui ne nous émeut même plus.

Elle était endormie parce qu'elle était lasse, et cette
lassitude faisait penser à des lassitudes de petit enfant.

C'est une présence de la femme dans la nuit qui semble
s'arrêter sur nos fronts et qui est bien plus pénétrante.

Ah! dormir ainsi quand le bonheur nous endort et s'en-
roule autour de nos sommeils comme une laine fine qu'au-
raient tissée des mains pieuses.

La femme est vierge et ressemble à notre ange gar-
dien.

Quand ils furent arrivés tous trois sur le palier, Bubu
collait l'oreille à la porte, n'entendait rien et il lui semblait entendre ses artères.

Le Grand Jules toucha Adèle dans l'ombre :

— Vas-y !

Elle frappa ses trois coups, puis, de sa voix flûtée :

— Berthe est là ?...

On entendit quelque chose, bientôt la porte s'ouvrit et la lumière s'allumait.

Adèle entrait et disait :

— Tu m'en causes des histoires.

Puis Bubu, avec silence, qui se découvrait en entrant, puis le Grand Jules, tout droit, avec sa casquette, et qui ferma la porte.

On ne les attendait pas.

Bubu, bas et large, fit deux pas solides comme un déménageur.

— Monsieur, je regrette les circonstances. Quand on est resté quatre ans avec une femme, vous comprendrez ce qu'il en coûte. J'accomplis une mission.

Ils se dressaient tous deux sur le lit, avec leur chemise et leurs épaules, auprès de la bougie tremblante, et regardaient cela de leurs regards brûlés qui voyaient trop de choses.

Elle sentait un coup, toutes les gifles qu'elle avait reçues comme un seul coup.

Bubu disait :

— Levez-vous, madame!

Elle se dressait sur le lit, le front étroit, les sens en arrêt, dans une faiblesse à ne plus savoir comment on parle.

Il répéta :

— Levez-vous!

Comme elle ne se levait pas, Bubu comprit que, quand on a le droit, il faut avoir la force.

Il s'avança :

— Pardon, monsieur !

Et la gifla solidement pour la ramener au devoir.

Pierre allait dire :

— Mais, monsieur, si vous avez des droits...

Le Grand Jules le coupa :

— Oui, nous avons des droits.

Et à Berthe, qui s'était levée, le Grand Jules disait :

—Vous avez de la chance, madame, d'avoir un homme qui vous aime.

Puis il dit :

—Vous savez, nous sommes venus ici en copains. Nous n'avons pas voulu vous causer d'ennuis. J'ai demandé au garçon d'hôtel : « Où est la chambre de Hardy? Nous sommes des amis qui venons le réveiller. »

Et Bubu répliqua :

— Je vous demande bien pardon, monsieur, de me présenter chez vous à cette heure de la nuit. D'ailleurs, je reviendrai vous voir pour mieux m'en excuser et pour que vous ne me connaissiez pas sous ce mauvais jour.

Et voici qu'Adèle se trouva mal et que son beau coup la secoua et la fit pleurer.

Berthe lui avait dit : « Je connais un bon jeune homme qui s'appelle comme ceci... »

Et elle avait tout raconté à l'autre !

Bubu lui prit la main :

— Tu es fatiguée, mon petit?

Pierre avait de la fleur d'oranger, et comme Bubu allait en verser dans un verre, il se ravisa :

— Il faut que je lave ce verre. On doit prendre des précautions avec madame. Madame a la vérole, madame a des plaques dans la bouche...

Berthe s'habillait, ses vêtements glissaient sur elle comme un silence de nuit, quand un fantôme regarde et s'étire.

Elle mettait ses bas, troués au talon, ses jarretières, et il lui semblait mettre en même temps quelque chose d'infiniment triste à son corps. Elle mit ensuite son jupon et dit :

— Est-ce que je savais que tu étais sorti?

Bubu répondit :

— C'est bien, madame. Quand on s'intéresse à son homme comme vous l'avez fait, il est bien étonnant qu'on ignore cela. Ah! vous ne saviez pas que j'étais sorti! Il y a une chose qui s'appelle la « conditionnelle », et à laquelle vous ne vous attendiez guère.

Elle était bien pauvrement vêtue pour ces froids d'hiver et, quand elle eut mis son tricot blanc, il ne lui restait plus à mettre que sa jupe et son corsage.

Elle se peignait. Elle ramenait ses cheveux noirs sur son épaule et les peignait avec lenteur parce qu'elle avait bien le temps de voir ce qui allait arriver.

Bubu dit :

— Tiens, il vous reste encore des cheveux. Dépêchez-vous, ma belle, nous sommes chez monsieur et nous ne voudrions pas abuser de sa patience.

La première pensée qu'elle eut fut à la mort. Il la prenait ainsi qu'un objet de sa vie que l'on va chercher chez celui qui l'avait pris en gage. Elle sentit qu'elle était une chose, une pauvre Berthe informe et malade et avait besoin de s'endormir à jamais pour l'oublier... Et si je ne voulais pas le suivre, il me tuerait... Elle aimait mieux réfléchir un peu avant la mort et ne la devoir qu'à son désir. Elle prenait maintenant son corsage et sa jupe.

Le Grand Jules dit :

— Vous voyez, monsieur, que nous nous sommes comportés en amis. Nous savons qui vous êtes et que madame ne vous a dit que ce qu'elle a voulu. Vous permettez que je roule une cigarette avant de descendre et que je vous serre la main.

Bubu dit :

— Je regrette, monsieur, tout ce dérangement que je vous ai causé. Vous avez été bien bon d'accueillir madame comme vous l'avez fait. Voulez-vous me permettre de venir bientôt vous offrir un verre. Je vous serre la main, mais croyez que c'est un devoir bien pénible que j'ai accompli.

Ils partirent. Sur le palier Bubu demanda :

— Vous vous êtes fait payer votre nuit d'amour, madame ?

Elle revint :

— Ils veulent que tu me donnes de l'argent.

— Voilà cent sous.

Elle partait dans un monde où la bienfaisance individuelle est sans force parce qu'il y a l'amour et l'argent, parce que ceux qui font le mal sont implacables et parce que les filles publiques en sont marquées dès l'origine comme des bêtes passives que l'on mène au pré communal.

Puis la porte d'en bas claqua. Pierre comprenait déjà.

« Ah ! je sais que tu vas pleurer : Mon Dieu, mon Dieu ! je n'ai pas de chance. Tu n'as pas assez de courage pour mériter le bonheur. Pleure et crève ! Si tu étais seul, tu aurais dû descendre en chemise et pieds nus pour crier : Au secours ! Tu aurais dû aller dans la rue et raccrocher les passants et leur dire : Accourez tous ! Il y a là-bas une femme qu'on assassine. »

CE LIVRE, ACHEVÉ D'IMPRIMER LE
VINGT-SEPT MAI MIL NEUF CENT
VINGT-QUATRE SUR LES PRESSES
DE COULOUMA, A ARGENTEUIL, H.
BARTHÉLEMY, DIRECTEUR, A ÉTÉ
TIRÉ A CINQ CENTS EXEMPLAI-
RES, DONT : QUINZE EXEMPLAIRES
SUR PAPIER DE HOLLANDE, NUMÉ-
ROTÉS DE 1 A 15, CONTENANT
UNE SUITE SUR HOLLANDE ET UN
DESSIN ORIGINAL; TRENTE-CINQ
EXEMPLAIRES SUR HOLLANDE, NU-
MÉROTÉS DE 16 A 50, AVEC UNE
SUITE SUR HOLLANDE, ET QUATRE
CENT CINQUANTE EXEMPLAIRES SUR
VÉLIN, NUMÉROTÉS DE 51 A 500.

www.ingramcontent.com/pod-product-compliance
Lightning Source LLC
LaVergne TN
LVHW020647200726

843508LV00002B/690

9 782329 812472